GERT BÖHM / JOHANNES PAUSCH

Nimm deine Zeit an die Hand

Kleine Schritte zum guten Leben

KREUZ

MIX
Papier aus verantwortungsvollen Quellen
FSC® C106847

www.kreuz-verlag.de

Umschlaggestaltung: agentur IDee
Umschlagfoto: © corbis
Autorenfotos: © privat

Innengestaltung und Satz: agentur IDee
www.agenturidee.de
Herstellung: fgb · freiburger graphische betriebe
www.fgb.de

Printed in Germany

ISBN 978-3-451-61100-1

Inhalt

5. Achtsamkeit und gutes Leben 106

Vorwort

Die Idee zu diesem Buch geht auf eine Artikel-Serie in der bayerischen Regionalzeitung *Frankenpost* zurück. In der Rubrik „Denkanstöße" wurde im Wochenrhythmus jeweils ein Beitrag zur Spiritualität im alltäglichen Leben veröffentlicht. Die Themen sollten den Menschen Mut machen und Wege aufzeigen, wie man mit kleinen Schritten das Leben gut gestalten kann.

Die ungewöhnlich vielen und sehr positiven Reaktionen der Leserinnen und Leser ließen darauf schließen, dass es ein hohes Bedürfnis nach spirituellen Anstößen gibt, die in kleinen „Happen" angeboten werden.

Die in der *Frankenpost* veröffentlichten Beiträge wurzeln in einer jahrelangen Zusammenarbeit zwischen dem Benediktinermönch Dr. Johannes Pausch und dem Journalisten Gert Böhm. In dieser Autorengemeinschaft sind zahlreiche Bücher über die spirituellen Zusammenhänge von Leib und Seele entstanden: über die Bedeutung von Lebensrhythmen für die Gesundheit, Ausgewogenheit und innere Zufriedenheit der Menschen; über Stabilität verleihende Alltagsrituale; über „Schöpfungsbilder", in denen der Mensch Gott erfahren kann; über die Chancen und Gefahren in Beziehungen sowie über Einübung von Achtsamkeit im Leben.

Für das vorliegende Buch wurden die Schönsten der „Denkanstöße“ ausgewählt. Sie wenden sich an Menschen, die in sich die Sehnsucht nach einem guten Leben spüren – und dafür Anregungen suchen, ohne überfordert zu werden. Die „spirituellen Mosaiksteine“ eignen sich als Minuten-Lektüre nach dem Aufstehen, bei einer Tasse Kaffee oder vor dem Einschlafen – man muss das Buch nicht von vorne bis hinten lesen, sondern kann nach Lust und Laune quer blättern. Auch wer wenig Zeit hat, hat Sehnsucht nach dem guten Leben. Dieses Büchlein möchte helfen, sich auf den Weg zu machen. In kleinen Schritten.

1. Lebens- rhythmus als Kraftquelle

Immer mehr Menschen spüren in sich die Sehnsucht, zu innerer Harmonie zurückzukehren: zu Angstfreiheit, Ruhe und Gelassenheit. So eine Veränderung geschieht nicht von selbst. Ein erster Schritt kann sein, den Rhythmus des Lebens bewusst zu beachten: die Ausgewogenheit von Wachsein und Schlafen, von Bewegung und Ruhe, von Spannung und Entspannung, von Arbeit und Pause, den Essrhythmus und den Rhythmus der Jahreszeiten. Wer nicht beliebig in den Tag hinein lebt, wird diese Rhythmen und ihre heilsame Wirkung auf sein Leben spüren.

Vom Geheimnis des Atems

Der Atem gehört zu den wichtigsten Rhythmen unseres Lebens. Mit jedem Atemzug nimmt der Mensch Sauerstoff auf, wandelt ihn im Körper in Lebensenergie um und gibt beim Ausatmen Kohlenstoff-Energie ab, die wiederum unsere Pflanzen für ihr eigenes Leben brauchen. Dieser ewige Kreislauf von Geben und Nehmen ist ein Rhythmus der Schöpfung. Mensch und Natur sind im Atemrhythmus direkt miteinander verbunden und aufeinander angewiesen. Daher ist der Atem ein Zeichen der Solidarität in der Schöpfung – eine wunderbare, universale Gemeinschaft, bei der jeder Einzelne nimmt und gibt.

Ob Grashalm im Garten oder brasilianischer Regenwald, ob Kopfsalat oder Mammutbaum: Jedes Blatt, jeder Baum erzeugt mit Hilfe der Sonne den Sauerstoff, ohne den Menschen und Tiere nicht leben können. Die Pflanzen verschenken ihn an die Lebewesen – und die geben ihn in der Verbindung mit Kohlenstoff wieder zurück an die Natur, die ohne dieses Geschenk ebenfalls nicht existieren kann.

Der Atemrhythmus ist ein großes solidarisches Gesetz, in dem alle Geschöpfe miteinander verbunden sind. Jeder trägt in diesem Kreislauf Verantwortung für den anderen – er schenkt und wird beschenkt. Dabei stehen Geben und Nehmen immer im ausgewogenen Verhältnis zueinander – keiner bereichert sich auf Kosten der anderen. Die Schlüsselblume kann nur wenig Lebensenergie an Tiere und Menschen abgeben, braucht aber selbst nicht viel Lebensenergie zurück. Die dampfenden, atmenden Regenwälder am Amazonas versorgen einen ganzen Kontinent mit Sauerstoff und müssen zum Dank dafür sorgsam gepflegt werden.

Diese kosmische Solidargemeinschaft gleicht einem gigantischen Netzwerk, in dem alle Teilnehmer untereinander wie mit silbernen Fäden verbunden sind. Das Mysterium des Atems ist ein Geschenk, das in der Schöpfung alle Lebewesen, alle Pflanzen, die ganze Erde miteinander verbindet und vereint.

In allen Kulturen und Religionen gilt der Atem auch als ein therapeutisches Mittel, um den Seelenzustand des Menschen zu verbessern. Durch die bewusste Regulierung des Atems ist es möglich, bestimmte Körperfunktionen und seelische Befindlichkeiten in eine ausgewogene Balance zu bringen. Und in der Meditation oder beim Gebet kann der ruhige, rhythmische Atem das Tor zu tiefen spirituellen Erfahrungen öffnen.

Leben als Wellenbewegung

Das Leben ist ein dynamischer Prozess, der sich im ständigen Werden und Vergehen entwickelt – nicht geradlinig, sondern in Wellenbewegungen: mal vom Mangel zum Überfluss, mal von der Enttäuschung zur Freude oder zwischen Wut und Gelassenheit. Viele Menschen zerbrechen an dem ständigen Auf und Ab, weil sie immer und sofort alles besitzen wollen. Sie begreifen nicht, dass ein Leben auch Zeiten braucht für eine Kurskorrektur, für Pausen, für eine Neuorientierung.

Wer das missachtet, wird Rückschläge erleiden – vom Herzinfarkt bis zur Scheidung, vom verlorenen Arbeitsplatz bis zur Depression. Das Leben lässt sich auf Dauer nicht betrügen und belügen. Irgendwann bricht jedes Kartenhaus in sich zusammen.

Mit der goldenen Regel vom rechten Maß bringt ein Mensch sein Leben wieder in den richtigen Rhythmus. Dann kann auch Verzicht zum Gewinn werden – die Fastenzeit ist dafür ein gutes Beispiel.

In fast allen Religionen und Weisheitslehren wird eine jährlich wiederkehrende Fastenzeit empfohlen, weil sie dem Menschen gut tut und zur inneren Umkehr führt. Sich im Leben zurückzunehmen führt zu einer Reduktion, die dem Menschen Freiraum für neue Energie schafft und sein Bewusstsein erweitert.

Denn Völlerei und Übermaß – geistig, körperlich und seelisch – zerstören das Leben. Im Mangel kann sogar die höchste Form von Fülle entstehen, die sich in der Sehnsucht nach einem guten Leben ausdrückt.

In der Askese hört der Mensch wieder seine innere Stimme, die in der lärmenden Welt oft nicht wahrnehmbar ist, und ordnet sich in Demut in den großen Zusammenhang der Schöpfung ein.

Hand aufs Herz – das Zentrum der Liebe

Neben dem Atem ist der Herzschlag beim Menschen der wichtigste Rhythmus. Jeder weiß: Ist er gestört, kommt es zu Erkrankungen. Das Herz ist ein Muskel, der ein Leben lang ununterbrochen arbeitet. Er zieht sich zusammen und öffnet sich, immer und immer wieder, siebzig, achtzig, manchmal hundert Jahre lang – zigmillionen Schläge ohne Unterbrechung.

Eine Möglichkeit, die eigene Lebendigkeit zu spüren, besteht darin, den Herzschlag bewusst wahrzunehmen. Dabei hilft es vielleicht, ihn mit der Hand zu erspüren. Die häufige Redensart „Hand aufs Herz“ meint, dass der Mensch in sich zu seiner Wahrheit findet. Er berührt dabei nicht nur sein Herz, sondern in der Tiefe auch seine innere Grundhaltung.

Den Herzschlag kann man am besten wahrnehmen, wenn man in Ruhe ist. Andererseits ist es sinnvoll, das Herz jeden Tag einmal richtig auf Touren zu bringen – bei einem flotten Spaziergang, beim Joggen, Schwimmen oder auf dem Fahrrad. Das tut dem Herzen gut – man darf es nur nicht übertreiben, indem man ihm keine Ruhephase gönnt.

Diese notwendige Erholung für das Herz wird von vielen Menschen nicht oder zu wenig ernst genommen. Aber der Herzrhythmus wird gestört, wenn ein Mensch ständig ein zu hohes Tempo vorlegt – bei der Arbeit, in der Freizeit, beim Sport.

Kein Mensch verträgt ununterbrochen neue Eindrücke, jeder braucht auch Stille und Entspannung. Unser Herz kann viel verkraften, aber man muss immer wieder das rechte Maß finden: Joggen ist sicher gesund, doch Marathonläufe können dem Körper schaden. Gegen ein Glas Bier oder einen Schoppen Wein hat kein Arzt etwas einzuwenden, aber zu viel Alkohol und Zigaretten machen das Herz, den Körper und die Seele kaputt.

Das Herz ist auch das Organ, mit dem wir unsere Gefühle verbinden: Ein Mensch kann herzlich sein oder herzlos, herzerfrischend oder unbarmherzig – das Herz ist weit mehr als eine Saugpumpe, die das Blut durch den Körper treibt.

Mit Bezug auf das Herz benennen wir auch dauerhafte innere Haltungen: Herzlichkeit, Liebe und Barmherzigkeit. Es muss jedem Menschen bewusst sein, dass sein Herz immer fürs Leben schlägt – für sein eigenes und das der anderen. Aber auch Liebe und Barmherzigkeit brauchen einen guten Rhythmus, sonst ermüden sie oder kommen aus dem Gleichgewicht. Geben, Nehmen und dazwischen Phasen der Ruhe – beim Herzrhythmus ist das rechte Maß für den Körper und für die Seele besonders wichtig.

Genieße das Wochenende

Zu einem vernünftigen Lebensrhythmus gehört auch das Wochenende. Es wäre unklug, diese freie Zeit mit Terminen zu überhäufen oder sie zu verschlafen, weil dann den Tagen ein Rhythmus fehlt, der zur Freude am Leben beiträgt. Zwei Erholungstage am Wochenende, die man zweckfrei genießen kann – was für ein Geschenk!

Bereits den Eintritt ins arbeitsfreie Wochenende kann man bewusst vollziehen. Der eine holt sich am Samstag früh immer zur gleichen Zeit in derselben Bäckerei ein Stück Pflaumenkuchen, das er dann daheim mit einer Tasse Kaffee in Ruhe genießt. Andere gehen stets zur selben Stunde auf den Markt. Dort kaufen sie ein und begegnen immer denselben Leuten – hinter dem Gemüsestand und davor. Wieder andere treffen sich zu einem Plausch im Café oder beim Frühschoppen im Wirtshaus – all diese Rituale sind ein Teil vom Lebensrhythmus.

Am Wochenende darf der Mensch endlich nichts tun. Das ist gar nicht einfach. Eine der härtesten Übungen ist es, sich hinzusetzen, vielleicht auf eine Parkbank, auf den Balkon oder an den Waldrand, und eine Stunde lang nichts zu machen, sondern nur von innen nach außen zu schauen. Manche glauben, dass man so die Zeit vertrödelt. Doch es kann eine eigene, sehr bewusst getroffene Entscheidung sein, nichts zu tun. Man sitzt einfach da, ist hellwach und lässt Gedanken an sich herankommen. Aber man zwingt sie nicht herbei, sondern lässt sie auftauchen und vorüberziehen.

Viele Menschen schlagen in ihren Erholungsphasen die Zeit tot, indem sie von einem Privattermin zum anderen hasten, um bloß nichts zu versäumen – hier eine Party, dort eine Vernissage, abends das Fitnessstudio, danach die Disko. Doch wenn Körper und Seele regenerieren sollen, muss sich der Mensch „entschleunigen“: etwas bewusst ganz langsam tun, sich Zeit lassen, einen Gang zurückschalten – nur so nimmt der Mensch wahr, was um ihn herum und in ihm geschieht.

Gute Gespräche

Gute Gespräche leben auch vom sensiblen Umgang mit Nähe und Distanz. Wenn einer beispielsweise ständig laut auf seine Gesprächspartner einredet, missachtet er dieses Gleichgewicht und dringt mit seiner Stimme rücksichtslos in die Intimsphäre der anderen ein.

Aber es gibt noch weitere Gesprächsformen, die verletzend und zerstörerisch wirken: Auf der einen Seite kennen wir den Dauerredner, der niemanden zu Wort kommen lässt – und auf der anderen Seite die verstummte Beziehung, bei der ein Gespräch gar nicht zustande kommt, weil rundherum der Lärm zu groß ist.

Besonders in Diskos und in Bierzelten mit den dröhnenden Lautsprechern kann man oft die eigene Stimme nicht mehr hören. Ernüchternd ist auch, wenn mitten im Gespräch plötzlich das Handy des Gegenübers klingelt, und der ungeniert in einen beinahe endlosen Plausch mit einem anderen Menschen einsteigt.

Beim echten Gespräch sind Zuhören, Reden und Schweigen in einer guten Balance. Das sehr bewusste Hören, wenn der andere etwas sagt, zeigt eine aufmerksame Teilnahme an seinen Gedanken und Gefühlen. Er soll seine Gedanken ausreifen lassen und zu Ende sprechen können, ohne dass er dabei unterbrochen wird – das ist mit Zuhören gemeint. Und dann sollte man das Gehörte sich setzen lassen, bevor man selber redet. Auch das gemeinsame Schweigen kann eine intensive Form der Auseinandersetzung mit dem Problem des anderen sein.

Miteinander reden wird gelingen, wenn alle Beteiligten einen guten Rhythmus zwischen Zuhören, Reden und Schweigen gefunden haben. Dann birgt jedes Gespräch die Chance in sich, dass die Menschen tatsächlich etwas ganz Anderes, ganz Neues aufnehmen.

Die Rhythmen der Zeit

Wenn Wachsein und Schlafen in gutem Wechsel zueinander stehen, ruht der Mensch in sich. Doch viele bringen keine Regelmäßigkeit in ihr Leben, weil sie Dinge tun, die diesen Rhythmus stören. Ständig wechselnde Arbeitszeiten lassen nicht zu, dass sich Körper und Seele in einen gleich bleibenden Rhythmus einschwingen können.

Manchmal gehen die wechselnden Arbeitszeiten noch einher mit anderen Rhythmus-Störungen: Flugkapitäne, Stewardessen, aber auch Geschäftsreisende und Urlauber müssen zusätzliche Belastungen aushalten, wenn sie auf Langstreckenflügen quer durch die Zeitzonen „düsen". Dann kann die Balance zwischen Wachsein und Schlafen völlig durcheinander geraten.

Ein Urlauber, der eine Fernreise plant, sollte sich mindestens zwei, drei Wochen Zeit nehmen, damit sein Körper die Zeitumstellung verkraften kann. Wer „mal schnell" für ein verlängertes Wochenende nach New York oder Thailand fliegt, wird sich kaum wirklich erholen, weil er mit seinem Rhythmus zu kämpfen hat. Ihm fehlt die Zeit, die notwendig ist, damit Körper und Seele den plötzlich gestörten Wach- und Schlafrhythmus wieder ausgleichen können.

Schichtarbeiter mit ständig wechselnden Arbeitszeiten sind ebenfalls stark gefährdet. Frühschicht, Mittagsschicht, Nachtschicht – auf Dauer kann der fehlende Rhythmus das gesamte Lebensumfeld zerstören: die eigene Gesundheit, das Zusammenleben mit der Familie und mit Freunden.

Doch auch Menschen mit normalen Arbeitszeiten müssen aufpassen. Sie sollten vor allem beachten, dass ihr Rhythmus durcheinander gerät, wenn sie ihre Pausen stets zu anderen Zeiten einlegen. Es ist wichtig, dass Arbeit und Ruhepausen gut eingeteilt werden und dass man möglichst immer zur gleichen Stunde eine Rast macht, um zu verschnaufen und sich neue Kraft zu holen.

Wer sieben oder acht Stunden durcharbeitet, ohne Ruhepause, ohne etwas zu essen und zu trinken und ohne mit anderen Menschen zu reden, lebt gegen seinen Rhythmus – auf Dauer ist das gefährlich für die Gesundheit.

Der Baum ist wie ein Mensch

Frühling, Sommer, Herbst und Winter geben dem Jahr und dem Leben der Menschen in unseren Breiten einen eigenen Rhythmus. Allerdings nehmen viele diesen Rhythmus kaum noch wahr. Unsere moderne Lebensweise hat dazu geführt, dass sich die Menschen mehr und mehr vom Rhythmus der Natur entfernen.

Das Essen ist dafür ein Beispiel. Früher gab es Erdbeeren im Sommer, wenn sie reif waren – heute bieten die Supermärkte frische Erdbeeren zu allen Zeiten an, sogar im Winter. Genauso ist es mit Äpfeln und Salat, mit Johannisbeeren und Pilzen, mit Gurken und Radieschen: Unabhängig von der Jahreszeit und vom Rhythmus der heimischen Ernten ist alles zu jeder Zeit verfügbar, es wird mit Flugzeugen und Schiffen aus weit entfernten Ländern der Welt angeliefert. Und wer mitten im deutschen Winter am Roten Meer baden oder im Hochsommer Urlaub im ewigen Eis machen will – kein Problem! Leider geht uns damit das Gefühl für die Jahreszeiten verloren.

Man kann sich in den Rhythmus der Jahreszeiten wieder einschwingen, wenn man sie bewusst erlebt: im Frühling den Neubeginn und Aufbruch, dann im Sommer das Wachstum, im Herbst Reifung und Ernte – und der Winter symbolisiert den Rückzug, die Ruhe, auch den Tod. Diese vier Jahreszeiten lassen sich auch den eigenen Lebensphasen zuordnen. Die Wahrnehmung von Wachstums-, Reifungs- und Alterungsprozessen hilft dem Menschen, einen harmonischen Rhythmus zu finden. Wer bewusst am Wechsel der Jahreszeiten teilnimmt, weiß, dass nach jedem Winter ein neuer Frühling kommt. Er erlebt das Sterben in der Natur, aber er erkennt in diesem Rückzug gleichzeitig den Keim einer neuen Geburt. Zunächst werden die Tage kürzer, aber nach der Wintersonnenwende beginnt die Rückkehr des Lichts. Wenn der Mensch sich mit diesem Rhythmus der Natur in Einklang bringen kann, wird er auch sein eigenes Leben besser verstehen.

Es tut der Seele gut, die Sinne zu sensibilisieren, um die Natur wahrnehmen zu können. Jeder Baum, den man sich aussucht und übers ganze Jahr beobachtet, kann einem den Zauber der Schöpfung bewusst machen: Wie kahl er im Winter dasteht, dann im Frühling die Knospen austreibt und plötzlich „explodiert"; wie im Sommer die Früchte heranwachsen, reif werden – und im Herbst abfallen; wie der Baum sein Laub verliert, sich zurückzieht und ausruht, bis er im nächsten Frühjahr wieder erwacht. Wer einen Baum über die Jahreszeiten hinweg betrachtet, spürt auch sein eigenes Leben – das Wachsen, die Entfaltung, die Ernte, die Ruhe: Der Baum ist wie ein Mensch.

Die kreative Pause

Wer lebt – nicht nur wer arbeitet –, muss Pausen einlegen, sie sind ein wichtiger Teil im Rhythmus des Körpers und der Seele. Denn eine Pause soll nicht nur vor der totalen Erschöpfung bewahren, sie ist ein Wert an sich – also ein guter Grund, um sie sehr bewusst zu beachten.

Die benediktinische Ordensregel fordert von den Mönchen, dass sie eine Rast nicht erst einlegen, wenn sie schon übermüdet sind, sondern dass Pausen einen festen Platz im Tagesablauf haben. Früher hat im Kloster zu jeder vollen Stunde die Glocke geläutet, damit die Mönche in ihrer Arbeit kurz innehalten und für ein paar Minuten den Blick auf sich selber und auf Gott richten.

Man könnte ja heute seine elektronische Armbanduhr zu einer modernen Stundenglocke umfunktionieren: Sie piepst dann zu jeder vollen Stunde und erinnert daran, die Arbeit zu unterbrechen, um ein paar Atemzüge lang nur bei sich selber sein zu können. Sogar so winzige Pausen bringen einen aus dem Arbeitstrott heraus – und warum soll das Piepsen immer nur an Termine und Telefonate mahnen!?

Wer Pausen macht, hält seine Leistung auf einem hohen Niveau, wer durcharbeitet bis zur Erschöpfung, powert sich aus. Dann schleichen sich in die Arbeit

Fehler ein, das Tempo lässt nach und die Gesamtleistung sinkt.

Die Pause ist auch eine Zeit zur Entfaltung. Was vor der Pause erarbeitet, besprochen oder geplant wurde, braucht eine gewisse Zeit, um sich zu entfalten.

Leider setzen viele Menschen auch in ihrer Pause die Arbeit fort, indem sie sofort mit dem Handy telefonieren, Notizen machen oder in Akten blättern. Das ist verkehrt. Es hat sich erwiesen, dass eine Pause besonders erholsam ist, wenn man den Rhythmus wechselt, also in diesen Minuten bewusst etwas ganz anderes macht als vorher. Wer zum Beispiel gesessen hat, sollte jetzt aufstehen und umhergehen, wer im Stehen gearbeitet hat, kann sich setzen. Für einen, der allein in einem Büro arbeitet, ist es sinnvoll, mit Kollegen zusammenzukommen, mit ihnen zu reden und zu lachen. Andererseits regenerieren sich Leute, die in einer Gruppe arbeiten, dann am besten, wenn sie in der Pause für sich sind. Die Pause sollte nicht auch noch mit Gesprächen ausgefüllt sein. Es ist besser, sich zurückzuziehen und für kurze Zeit mit sich allein zu bleiben.

Und besonders erholsam ist es, wenn der Mensch in seiner Pause etwas anderes sieht, riecht oder hört. Das regt die Sinne an, und zwar bewusst ganz andere als bei der Arbeit.

Der gute Schlaf

Zu den elementarsten Rhythmen im menschlichen Leben gehört der Wechsel von Tag und Nacht, von Schlafen und Wachsein. Ideal ist ein Rhythmus mit acht Stunden Arbeit, acht Stunden Schlaf – und acht Stunden Zeit für die übrigen Dinge im Leben. Es kommt aber nicht darauf an, dass man sich auf die Stunde genau an diesen Rhythmus hält, sondern jeder kann in sich ein Gespür für seinen eigenen Grundrhythmus entwickeln.

Weil der Mensch täglich acht Stunden im Bett liegt, glauben viele, dass man ein Drittel seines Lebens „verschläft". Sie sehen ihren Schlaf nicht als eine wichtige Zeit der Lebensgestaltung an, sondern als notwendiges Übel. Dabei geschieht im Schlaf – wenn auch unbewusst – etwas sehr Wichtiges. Der Schlaf bedeutet sowohl für den Leib (Ruhe für den Körper) als auch für die Seele (Träume) Erholung und Regeneration.

Der Mensch mit seiner durchschnittlichen Lebenserwartung von 75 Jahren liegt also 25 Jahre im Schlaf – und dabei macht sein Körper lebenswichtige Prozesse durch. Entscheidend ist allerdings, um welche Form von Schlaf es sich handelt. Manche nehmen Schlaftabletten oder trinken zu viel Alkohol und versinken in eine Art Bewusstlosigkeit – das ist kein echter Schlaf, sondern eine Betäubung. Denn Schlaf ist ein aktiver Zustand des Körpers, in dem er entspannt ist und sich regeneriert. Deshalb ist es gut, wenn man träumen kann und lernt, mit seinen Traumbildern umzugehen. Der Traum, sagen die Psychologen, sei ein Tiefenfenster in die Seele. Umso wichtiger ist es, dass man seine Traumsymbole verstehen lernt, weil sich dann die Botschaften, die im Schlaf gegeben werden, besser entschlüsseln lassen.

Schlaf ist also nicht „nichts", sondern ein bedeutender Teil des Lebens. Er muss nicht unbedingt zusammenhängend an einem Stück erfolgen, sollte jedoch einem vernünftigen Rhythmus unterliegen. Welcher Rhythmus für einen Menschen gut ist, kann jeder selbst herausfinden, wenn er auf die Zeichen seines Körpers und seiner Seele achtet. Signale für Unausgeschlafenheit sind zum Beispiel Schweißausbrüche, Unruhe, Nervosität oder schlechte Laune. Je regelmäßiger der Rhythmus von Arbeit, Schlaf und freier Zeit ist, umso gesünder wirkt er sich auf den Körper und die Seele aus.

Flagge zeigen

Es gehört zum Leben, eine Meinung zu haben und zu vertreten. Familienangehörige, Freunde, Bekannte, Vereinsmitglieder, Arbeitskollegen – sie alle wollen wissen, wie sie mit einem Menschen dran sind. Je klarer sie seine oder ihre Ansichten und Überzeugungen kennen, desto besser ist es. „Sich zeigen“ meint aber nicht, dass man sich aufbläst, ständig das Gespräch an sich reißt, die anderen nicht ausreden lässt, sie „niederbügelt“ oder lächerlich macht – das wäre Tyrannei.

Natürlich ist es im Alltag, in Diskussionen und Auseinandersetzungen richtig, Flagge zu zeigen. Aber dazu gehört auch, dass die anderen ebenso zu Wort kommen können – das bedeutet, dass man zuhört und mit seiner eigenen Meinung zurückstehen kann. Man soll nicht alle Dinge kommentieren. Manchmal ist es besser, zu schweigen. Es ist auch nicht notwendig, alles zu sagen, was man denkt. Es kann durchaus klüger sein, sich zurückzuhalten.

Wie so oft im Leben ist auch der Wechsel von „Flagge zeigen“ und „Zurückhaltung“ eine Frage des richtigen Zeitpunkts. Wer im falschen Moment schweigt oder wegschaut, wenn es erforderlich wäre, einem Missstand oder einer Gefahr mutig entgegenzutreten, handelt genauso verkehrt wie ein Mensch, der immer und überall seinen „Senf“ dazu gibt.

Allein und Gemeinsam

Jeder Mensch braucht Zeiten, in denen er allein mit sich ist – und andere Zeiten, die er in der Gemeinschaft verbringt. Der richtige Rhythmus tut der Seele gut.

Ein Beispiel dafür, wie heilsam die Ausgewogenheit zwischen Individualität und Solidarität ist, geben uns die Körperorgane. Das Herz und der Magen, die Leber und der Darm, die Lunge und die Nieren – jedes Organ muss für sich arbeiten und seine Funktion erfüllen, sonst wird der Mensch krank. Aber gleichermaßen wichtig ist das Zusammenwirken mit den anderen. Wenn es nicht funktioniert, nützt das gesündeste Einzelorgan wenig.

Mit unserer Seele ist es ähnlich. Wenn einzelne Emotionen – Hass oder Neid, Wut, Habgier oder Stolz – rücksichtslos den Menschen in Besitz nehmen, geht die innere Harmonie verloren. Manchmal dauert das nur ein paar Minuten, aber nicht selten wird der Verlust der inneren Balance zum Dauerzustand.

Viele Menschen leiden unter ihrer Unfähigkeit, sich auf Beziehungen einzulassen. Aus Angst vor seelischen Verletzungen durch andere ziehen sie sich ins Alleinsein zurück. Das ist gefährlich, weil man das Gefühl für Nähe und Distanz verliert – zu Menschen, zur Natur, zur Schöpfung, zu Gott. Nähe und Distanz sind für Beziehungen entscheidend, der Mensch braucht beides. Um den rechten Rhythmus zwischen Einsamkeit und Gemeinschaft zu finden, muss man sich und den anderen bewusst wahrnehmen – im Riechen und Schmecken, im Hören, Tasten und Sehen. Diese Achtsamkeit ist die Grundlage für Beziehungen. Dabei werden Stärken und Schwächen entdeckt, Schönes und Unangenehmes.

Um nicht enttäuscht zu werden, gehen viele Menschen erst gar nicht auf andere zu, sondern igeln sich in ihre Einsamkeit ein. Aber Verletzungen gehören zum Leben. Deshalb ist es wichtig, Verzeihen zu erlernen. Die Fähigkeit zur Vergebung verwandelt die erlittene Verletzung in eine große innere Kraft, die das Leben bereichert.

Wir können ohne Beziehungen nicht leben. Sie entstehen meistens in der Gemeinschaft mit anderen Menschen, doch auch in der Schöpfung kann der Mensch wohltuende Beziehungen finden – beim ruhigen Betrachten eines Baumes, einer Blume, des Sternenhimmels. Gläubige erleben die höchste Form einer Beziehung in der Gotteserfahrung, wenn sie im Gebet oder in tiefer Meditation eine mystische, übersinnliche Berührung spüren.

Die Gier erfüllter Wünsche

Wo wir auch hinschauen – überall entdecken wir, dass irgendetwas ungerecht verteilt scheint: Die einen haben zu viel, die anderen zu wenig – das gilt für Geld und Gesundheit, für Intelligenz und Wissen, für Gefühle und Wahrnehmungen. Beim genauen Hinsehen stellt sich heraus, dass der Mangel meistens aus einer Überfülle stammt.

Wer ein tolles Auto besitzt, verspürt in sich gleich den Wunsch nach dem noch besseren Modell – und will seinen Wunsch am liebsten sofort erfüllen. Ob Auto oder Vermögen, Gefühle oder Beziehungen: Das ganze Leben ist ständig begleitet von dem Wunsch nach mehr. Das bedeutet, dass einem der jetzige Zustand, auch wenn er durchaus befriedigend ist, nicht genügt – man empfindet ihn als Mangel, der behoben werden muss. Deshalb ist es wichtig, über den Mangel nachzudenken und sich bewusst zu machen, was einem im Leben wirklich fehlt oder was vielleicht nur der Sofort-Befriedigung dient.

Wir Menschen neigen dazu, für Defizite, die wir erleben, andere verantwortlich zu machen – doch damit delegieren wir die Lösung unserer Schwierigkeiten an andere Menschen. Auf diese Weise kann das Problem mit dem Mangel nicht gelöst werden.

Manchmal ist der Blick in den Spiegel hilfreich, weil man dabei – statt den Fehler gleich auf andere zu schieben – seine eigenen Schwächen anschauen muss. Das ist ein unangenehmer, oft schmerzhafter Prozess. Die bewusste Wahrnehmung der eigenen Defizite bringt meistens ans Licht, dass die Ursache in Übertreibungen liegt – der Mensch achtet bei seinem Körper und der Seele nicht auf das vernünftige Maß. Zum Beispiel können wir die Flut von Kommunikation nicht mehr verkraften: Radios, Zeitungen, Fernsehen, Telefon, die Handys, E-Mails, das Internet – die Überfülle geht einem auf die Nerven. Wir essen zu viel, unsere Sinne fürs Hören, Riechen und Tasten werden überstrapaziert. Ruhelosigkeit auch bei der Verdauung, beim Atem, im Herz – wir sind mit viel zu hohem Tempo unterwegs. Darunter leiden die Gelassenheit, das Schweigen, die Wahrnehmung der Natur und all der Rhythmen, die ein Leben prägen und der Seele gut tun.

Um Mangel und Fülle ins rechte Maß zu bringen, muss der Mensch seine Kreativität einsetzen und seine Beziehungen betrachten – zu sich, zu anderen, zur Schöpfung, auch zu Gott. Dann kann er erfahren, was im Leben wirklich fehlt und wie dieses Manko beseitigt werden kann. Der Mangel, der sich aus dem Geldbeutel begleichen lässt, gehört meistens nicht dazu.

Gläubige leben länger

Wenn der Lebensrhythmus eines Menschen nachhaltig gestört ist, dann wird er krank – so eng ist die Beziehung zwischen Leib und Seele. Denn Krankheit kann auch verstanden werden als ein Hilfeschrei des Körpers und der Seele: Sie verschaffen sich auf diese Weise die Aufmerksamkeit, die sie sonst oft nicht bekommen.

Viele Menschen neigen dazu, eine Krankheit nur als körperliches Leid zu sehen – als Wunde, als Schmerz, als Tumor. Doch Krankheiten hängen oft mit Störungen der Psyche und des Geistes zusammen. Und weil Leib und Seele auf geheimnisvolle Weise miteinander verwoben sind, kann der richtige Körperrhythmus sogar psychische Leiden lindern oder heilen – und umgekehrt.

Es gibt Untersuchungen, die solche wechselseitigen Abhängigkeiten bestätigen. Wissenschaftler haben in diesen Studien festgestellt, dass gläubige Menschen, die beten und einen ausgewogenen Lebensrhythmus haben, seltener krank werden als Nichtgläubige.

Menschen in allen Religionen, die sich in ihrem Glauben geborgen fühlen, sind nachweislich weniger krankheitsanfällig und leben länger – auch dank einem ausgewogenen inneren und äußeren Rhythmus. Wer achtsam mit sich selber umgeht, wer das rechte Maß findet im Umgang mit Eltern und Kindern, mit Freunden, bei seiner Arbeit, im Konsum oder im Blick auf seine Umwelt – der wird trotz aller Erbanlagen und Ansteckungsgefahren seltener krank sein als andere.

Es ist ein Trost zu wissen, dass ein Mensch seine körperlichen Gebrechen durch Veränderungen in seiner Seelen- und Gefühlswelt beeinflussen kann – und dass sich in umgekehrter Weise auch ein schlechter Gefühlszustand bessern oder ganz heilen lässt, wenn der Körperrhythmus ausgewogen ist, zum Beispiel durch die richtige Ernährung, durch das rechte Maß bei Wachsein und Schlafen, bei Spannung und Entspannung, bei Ruhe und Bewegung und beim Atmen. Diese Erkenntnisse wirken oft besser als Medikamente.

Im richtigen Schritt

Ob maßvoller Sport oder Spaziergänge, ob Wandern, Tanzen oder Gymnastik: Bewegung tut Körper und Seele gut. Kein Arzt, der seinen Patienten nicht rät, sich in der frischen Luft zu bewegen. Der Mangel an Bewegung gilt in den modernen Gesellschaften als Ursache für viele Krankheiten und Leiden – und könnte so leicht behoben werden.

Zu allen Zeiten haben die Menschen Bewegung als ein heilendes Prinzip erfahren. Für viele sind allerdings die Bewegung und das Gehen zu einem Hasten verkommen. Aber wer ohne Zeitdruck einen Schritt nach dem anderen macht, wer dabei seinen Atem beachtet und sich selber bewusst wahrnimmt, wird bald die Ruhe und Ausgewogenheit spüren, die aus so einem Rhythmus erwächst. Diese Form der Bewegung erfordert kaum Aufwand, nur Aufmerksamkeit. Jeder kann sie fast überall vollziehen – auf der Straße, im nahen Park, draußen in der Natur, am Seeufer, querfeldein gehend oder auf Wanderwegen.

Eine Viertelstunde am Morgen reicht dafür schon aus – für den Rhythmus ist es am besten, wenn man dafür immer den gleichen Weg geht. Und wer es noch einfacher haben möchte: Sogar im Treppenhaus kann man Stufe um Stufe dieselbe Erfahrung machen, wenn man auf den Lift verzichtet.

Die Seele isst mit

Beim Essen machen viele Menschen Fehler. Sie stopfen sich nicht nur mit Fertiggerichten und Lebensmitteln voll, die billig, billig, billig sein sollen, sondern „fressen“ auch sonst vieles in sich hinein, was ihnen nicht gut tut: Ärger und Neid, Zorn, Aggressionen und Missgunst, Geiz, Eifersucht, Hass und Wut. Wenn diese Emotionen innerlich nicht aufgearbeitet und verdaut werden, bleiben sie als geistiger Müll in der Seele liegen – und können sich langfristig umwandeln in Krankheiten.

Unsere Sprache hat eindrückliche Bilder für das, was dann geschieht: Ärger schlägt auf den Magen oder geht an die Nieren, jemand hat Wut im Bauch oder wird blind vor Eifersucht. Man weiß längst, dass Magen- und Darmgeschwüre tatsächlich entstehen können, wenn sich seelische Störungen im Laufe der Zeit „materialisieren“.

Schlechte Gefühle dringen in den Körper ein und bringen die Harmonie von Leib und Seele durcheinander. Niemand kann vermeiden, dass solche negativen Gefühle auftauchen – die Frage ist nur, wie man damit umgeht. Manche lassen diese Gedanken gar nicht an sich herankommen, andere verarbeiten sie sofort, indem sie sich damit auseinandersetzen – in beiden Fällen bleiben die Emotionen jedenfalls nicht unverdaut.

Wenn sich jedoch die negativen Emotionen im Menschen schon festgesetzt haben – wie kann er sie wieder loswerden, damit sie sich nicht in Krankheiten umwandeln?

Überraschend hilfreich ist, wieder einen regelmäßigen Rhythmus beim Essen und Verdauen zu finden. Viele schütteln den Kopf und glauben nicht, dass die Rückkehr zu einer solch äußeren Regelmäßigkeit und Ordnung wirklich hilft. Aber einen sinnvollen Essrhythmus, zu dem auch das Fasten gehören kann, empfehlen die großen Religionen und Weisheitslehren ziemlich übereinstimmend als wirksames Mittel gegen ein schlechtes Lebensgefühl.

Ein vernünftiger Essrhythmus kann also wesentlich dazu beitragen, dass Leib und Seele gesund werden, sodass eine harmonische Lebensführung möglich wird.

Ruhe und Bewegung

Ruhe und Bewegung gelten normalerweise als Gegensätze, aber sie sind es nicht. Der Mensch braucht beide Zustände – und zwar gleichermaßen für den Körper wie für die Seele. Wichtig ist vor allem, dass Ruhe und Bewegung in einem ausgewogenen Wechsel zueinander stehen. Wer sich körperlich und geistig überhaupt nicht mehr bewegt, zerstört seinen Lebensrhythmus genauso wie jemand, der von einer schier dämonischen Unrast durchs Leben getrieben wird.

Ruhe ist weder Erstarrung noch Trägheit oder Resignation, sondern ein höchst sensibler, aktiver Zustand – also das Gegenteil von jener inneren und äußeren Unbeweglichkeit, wenn ein Mensch auf der Couch liegt und im Fernsehen stundenlang Filme anschaut. Andererseits wird Bewegung häufig verwechselt mit Hektik oder Aktionismus. Doch sie ist nicht nur eine körperliche Betätigung, die man beim Joggen, beim Einkaufen oder bei der der Gartenarbeit erlebt – Bewegung ist stets auch ein innerer Prozess.

Wie eng Ruhe und Bewegung sowohl mit dem Körper als auch mit der Seele zusammenhängen, lässt sich zum Beispiel beim Wandern spüren. Da kann das scheinbar rein körperliche Gehen zu einer spirituellen Erfahrung werden, die der Seele gut tut. Ein Mensch, der stundenlang durch den Wald wandert, erlebt es immer wieder: Schritt um Schritt verändert sich sein innerer Zustand und fügt sich in einen Rhythmus ein, der ihn mehr und mehr mit der Natur verbindet – allmählich wird der Wanderer eins mit ihr. Die Bienen und Vögel, die Käfer und Schmetterlinge, die ihm begegnen, nimmt er dann sehr bewusst wahr – als Geschöpfe der gemeinsamen Welt. In einem spirituellen Prozess hat sich der Rhythmus seiner äußeren Bewegung verwandelt in innere Ruhe – eine Ruhe, die nicht Stillstand ist, sondern ein lebendiger Austausch mit der Natur ringsherum.

Bewegung bedeutet, dass jemand auf dem Weg zu einem Ziel ist. Aber sie macht erst dann Sinn, wenn der Mensch weiß, wohin er geht. Allerdings kann auch die Bewegung selber ein Ziel sein. „Der Weg ist das Ziel", lehrt der Buddhismus. Das mag vielleicht nicht immer stimmen, aber es steckt viel Wahrheit darin. Als ein Jogger zu seinem täglichen Lauf startete, wurde er von einem Kind gefragt: „Wohin läufst du?" Was sollte er darauf antworten – bei ihm war tatsächlich der Weg das Ziel.

Die wesentlichen Bewegungen im Leben haben den Sinn, dass der Mensch zu sich selber findet. Das erfordert viel Achtsamkeit; denn es gibt natürlich auch Wege, die von diesem Ziel wegführen oder in die Irre locken.

2.
Rituale geben Halt

Das Leben eines Menschen verläuft nie ohne Rituale, auch wenn er sie vielleicht nicht bewusst wahrnimmt. Wer sich seinen Tag einmal genau anschaut, wird feststellen: Es gibt bestimmte Gewohnheiten oder Handlungen, die immer wiederholt werden – vom morgendlichen Frühstücks-Ritual mit Kaffee und Zeitung über die vielen scheinbar nebensächlichen Verhaltensmuster während des Tages bis hin zum Einschlafen im Bett. Wer anfängt, diese stets wiederkehrenden, meist sehr einfachen Handlungen bewusst zu entdecken, ist „seinen" Ritualen auf der Spur. Wenn diese Rituale bewusst vollzogen werden, können sie den Menschen trotz der allgegenwärtigen Hektik wohltuend stabilisieren. Das gilt im Alltag, aber auch bei den rituellen Erfahrungen an wichtigen Stationen des Lebens zwischen Geburt und Tod, wie sie vor allem von den Religionen vollzogen werden.

Rituale vermitteln dem Einzelnen innere und äußere Sicherheit, weil sie ihn in Beziehung zu sich selbst, zu anderen Menschen, zur Natur und zur Schöpfung bringen – ihn vielleicht sogar jene transzendente Wirklichkeit spüren lassen, die im Islam, bei den Christen und im Judentum „Gott" genannt wird.

Vom bewussten Tagesbeginn

Jeder Tag beginnt am Morgen mit dem Aufstehen: Der Mensch verändert seine Position – von der nächtlichen Ruhe wechselt er in die Bewegung des Tages. Dieser Übergang in den Wachzustand sollte ganz bewusst geschehen. Viele öffnen ihre Augen und bleiben noch einige Zeit liegen, dehnen und räkeln sich und nehmen sich auf diese Weise sehr bewusst wahr. Danach stehen sie mit langsamen Bewegungen auf – ein Ritual, das sich jeden Tag wiederholt. So beginnt der Tag mit einem guten Rhythmus.

Das Gegenteil von diesem bewussten Tagesanfang kann man oft in U-Bahnen, Bussen und Zügen beobachten. Die Menschen, die in den Städten früh zur Arbeit fahren, sitzen und schlafen – sie sind in Wahrheit noch gar nicht aufgestanden, obwohl sie schon unterwegs sind. Vermutlich waren sie am Abend vorher übermüdet ins Bett gegangen und müssen morgens die 30 Minuten Fahrzeit dazu benutzen, um noch einen Teil der Nacht nachzuholen. Ihr Rhythmus ist gestört.

Sich beim Aufstehen sehr bewusst wahrzunehmen, ist ein wunderbarer Tagesbeginn. Wer das Bett verlassen hat, sollte sich erst einmal vor den Spiegel stellen und wohlwollend anschauen – vielleicht fühlst du dich an diesem neuen Morgen gut, vielleicht auch nicht. Wie es auch sei: der Mensch sollte sich annehmen, so wie ihm gerade zumute ist.

Am Morgen brauchen der Leib und die Seele Sorgfalt. Man reinigt sich – das ist mehr, als sich schnell zu waschen. Man kleidet sich an – auch das ist mehr, als nur in die Klamotten zu springen. Wer sich am Morgen Zeit nimmt und achtsam mit sich ist, kommt besser in den Tag.

Dem Tag ein gutes Ende geben

Zu einem sinnvollen Lebensrhythmus gehört auch, dass der Mensch seinem Tag eine vernünftige Struktur gibt. Das gilt auch für den Feierabend. Nach getaner Arbeit ist es gut, den Tag zu reflektieren und all das noch einmal in Gedanken vorüberziehen zu lassen, was dieser Tag gebracht hat. Aber man sollte die einzelnen Geschehnisse nicht bewerten, sondern sie einfach betrachten und annehmen – so war es halt. Es bringt wenig, bestimmten Ereignissen nachzutrauern. Sie sind vorbei, unwiderruflich.

Diese Reflexion sollte möglichst nicht ganz am Ende des Tages stattfinden, wenn man schon im Bett liegt, sonst ist man dafür zu müde und schläft darüber gleich ein. Für manche wird diese Reflexion zum Ritual: Wenn sie nach getaner Arbeit zu Hause sind, zünden sie eine Kerze an, setzen sich zwanzig Minuten hin und betrachten in Ruhe den zurückliegenden Tag.

Andere kommen heim, legen eine gute Musik auf – vielleicht sogar immer dieselbe – und genießen sie für einige Minuten. Wieder andere meditieren, oder kümmern sich um ihre Blumen, gießen sie, betrachten sie, berühren sie, sprechen manchmal sogar mit ihnen und lassen so beiläufig und doch bewusst den Tag ausklingen.

Wie immer man den Ausklang des Arbeitstages gestaltet, es macht jedenfalls Sinn, ihn nicht beliebig auslaufen zu lassen, sondern ihn bewusst abzuschließen. Der Tagesabschluss und die Achtsamkeit beim Aufstehen sind Rituale, die dem Tag einen guten Anfang und ein gutes Ende geben.

Das bewusste Beenden des Tages hilft, am nächsten Morgen einen neuen Abschnitt zu beginnen – sonst dreht sich das Leben wie eine unendliche Walze weiter.

Die Geste der Umarmung

Jede Kultur hat ihr eigenes Ritual der Begrüßung. Die einen falten die Hände und verneigen sich, andere reiben die Nasen aneinander. Wir kennen den Händedruck oder die Umarmung. Weil der Händedruck ein Ritual ist, stellt er zwischen zwei Menschen sofort eine Beziehung her. Es kann allerdings auch misslingen – zum Beispiel, wenn einem jemand die Hand gibt und man das Gefühl hat, es sei ein Stück Teig. Manchmal passiert auch das Gegenteil: Ein Mann nimmt einen beim Handschlag regelrecht in den Schraubstock – oder streckt dir gar seine Linke entgegen. Rituale beruhigen, wenn sie vertraut sind, machen jedoch unsicher, wenn sie misslingen. Denn mit dem Händedruck und mit der Umarmung überschreitet man eine Grenze zum anderen. Für einen Moment berühren sich zwei Menschen in ritueller Form, und es entsteht Vertrautheit – oder auch Misstrauen.

Die Geste, mit der man bewusst die Grenze zu einem anderen Menschen überschreitet, ist keine Nebensächlichkeit. Ob man sich für eine Umarmung oder einen Händedruck entscheidet, hat Bedeutung. Allerdings ist das Begrüßungsritual der Umarmung in der Gegenwart weitgehend sinnentleert worden. Dabei bildet eine Umarmung den ganzen Prozess einer Beziehung ab: Wer jemanden umarmt, öffnet sich ihm, nimmt ihn ganz nahe zu sich heran – und lässt ihn dann auch wieder los.

Darum sollte ein Mensch einen anderen nur dann umarmen, wenn er sich wirklich bewusst ist, was er tut: „Ich bin ich, du bist du, jeder von uns steht auf eigenen Füßen – und wir treten jetzt in eine Beziehung zueinander.“ So gesehen waren die Umarmungen und Bruderküsse, die einst zwischen den kommunistischen Machthabern bei bestimmten Gelegenheiten üblich waren, genauso unsinnig wie heute die schnelle Bussi-Bussi-Begrüßung.

Jedes echte Begrüßungsritual zwischen Menschen will durch Gesten oder Worte mitteilen, dass man dem anderen wohlgesonnen ist. Streit und Zwietracht sollen wenigstens für einen Augenblick vergessen werden – man teilt dem anderen Frieden mit. Darin drückt sich der alte Gruß aus: „Friede sei mit dir“. Wenn bei einer Begrüßung diese Haltung im Herzen ist, dann wird die Umarmung zu einem sinnvollen Ritual, andernfalls bleibt sie eine leere Äußerlichkeit.

Von der Kunst, gastfreundlich zu sein

Zu den ältesten Ritualen unter Menschen gehören jene, die mit der Gastfreundschaft zu tun haben. Fast in allen Völkern und Kulturen wurde die Gastfreundschaft bewusst ritualisiert. Wer zum Beispiel bei Beduinen über die Zeltschwelle geht, ist als Gast angenommen und genießt den Schutz der ganzen Sippe.

In der Gegenwart sind viele Menschen zunächst beunruhigt, wenn Gäste ins Haus kommen. Das hat auch damit zu tun, dass die alten Rituale der Gastfreundschaft nicht mehr selbstverständlich sind. Sie halfen damals Gastgeber und Gast, diese Unsicherheit zu überwinden.

Zum Ritual der Gastfreundschaft gehören also klare Regeln. Der Gast muss sich sicher sein können, dass ihm durch die Gastgeber, die früher oft Fremde waren, kein Leid geschah – und der Gastgeber konnte sich dank der Rituale sicher sein, dass er sich keinen störenden Eindringling ins Haus geholt hat.

Gastfreundschaft war eine wechselseitige Beziehung unter Menschen, die wussten, dass sie aufeinander angewiesen waren. Sie zu verletzen war ein schlimmes Vergehen, da es dem Vertrauen zwischen Fremden die Grundlage nahm.

Heute ist Gastfreundschaft unter Fremden eher selten. Wir haben sie professionalisiert, ausgelagert in Hotels und Pensionen. Im Privatbereich begegnen sich Gastgeber und Gast meist bei einem großen Essen. Aber vielleicht würde auch ein solches Ereignis seinen Charakter verändern, wenn man nach neuen Ritualen suchen würde.

Man kann, zum Beispiel, als Auftakt eine kurze gemeinsame Wanderung unternehmen, sich vielleicht im Garten auf eine Bank setzen, man kann gemeinsam spielen oder ein Gespräch zu einem bestimmten Thema in Gang bringen – es gibt unzählige Möglichkeiten, damit aus der Gastfreundschaft nicht nur ein gemeinsames Gelage wird.

Gastgeber sollten wieder erfinderisch werden, um sich und die Gäste zu „bewegen“ – körperlich, emotional oder geistig. Früher sind die Leute vor einem großen Fest miteinander in die Kirche gegangen. Das war gar kein schlechter Auftakt, weil dadurch alle eine gemeinsame geistige Basis hatten.

Leider sind inzwischen viele alte Formen der Gastfreundschaft verschwunden oder wurden nur noch auf das gemeinsame Essen reduziert. Wenn dann zwischen Gastgeber und Gast eine innere Beziehung fehlt, kann es ein armseliges Ereignis sein – auch wenn dabei die köstlichsten Speisen serviert werden.

Die Kraft der Mahlzeit

Essen und Trinken sorgen nicht nur für die Zufuhr der notwendigen Nährstoffe für den Körper, Mahlzeiten sind auch ein wichtiges Alltagsritual. Sie können zu einer spirituellen Handlung werden, in der die Nahrung nicht nur den Leib, sondern auch die Seele sättigt. Das gemeinsame Sitzen, die Aufmerksamkeit für die anderen Menschen am gedeckten Tisch, ein gutes Gespräch, Ruhe oder Musik, vielleicht auch ein vorgelesener Text können die Zeit, die wir zum Essen brauchen, zu einer besonderen Zeit machen, die das Zusammengehörigkeitsgefühl, die Gemeinschaft und das eigene Selbstbewusstsein fördert.

Wer eine Mahlzeit bewusst gestaltet und genießt, wird seltener an Störungen der Verdauungsorgane erkranken als andere, die hastig den Hunger stillen und nebenbei in den Fernseher schauen. Jede Mahlzeit lässt sich auf einfache Weise ritualisieren. Es reicht, wenn einem bewusst wird, dass es beim Essen immer auch um Beziehungen geht – zu sich selber, zu anderen, zur Schöpfung. Dann wird spürbar, dass wir von den Beziehungen in und zu dieser Welt leben, dass Essen und Trinken uns von der Erde und den Menschen geschenkt werden.

Wie viele haben dazu beigetragen, damit die Speisen und Getränke auf dem Tisch stehen. Das ist ein Geschenk, sogar wenn man dafür bezahlt hat. Wer sich das bewusst macht, der empfindet über seinen Mahlzeiten tiefe Dankbarkeit. Dabei spielt es keine Rolle, ob man sich an einem Sieben-Gänge-Menü erfreut oder an einem Butterbrot. Die Erfahrung, dass der Mensch in Verbindung steht mit der Erde und der Schöpfung, ist das Geheimnis dieses Dankes.

Für manche ist das Tischgebet eine große Hilfe, um sich das Essen als Ritual zu gestalten. Auch wenn jemand nicht religiös ist, kann man – für sich oder gemeinsam mit seinen Gegenübern – dafür danken, dass es etwas zu essen gibt, was ja durchaus nicht selbstverständlich ist.

Die Brücke zu unseren Toten

Die meisten Menschen, besonders jedoch Naturvölker, feiern den Rhythmus des Jahres mit Festen. Auch wichtige Stationen im Leben wie Geburt, Geschlechtsreife, Hochzeit und Tod werden durch solche Rituale bewusst gemacht. Alle Religionen vermitteln ihre Glaubensbotschaft in Ritualen – und sogar weltliche Führer wollen ihre Gefolgsleute häufig durch feierliche Zeremonien fest an sich binden.

Die Menschen haben wohl immer schon ihr Leben ritualisiert. Das entspringt einem Bedürfnis, das wahrscheinlich sogar der Ursprung aller Religionen ist. Die verschiedenen Religionen sind also den Menschen nicht künstlich aufgesetzt worden, sondern entsprechen ihrer Sehnsucht nach Lebenssinn, nach Unsterblichkeit und nach einer inneren Beziehung zu einer höheren Instanz, die bei Christen, Juden und im Islam Gott genannt wird.

Der Mensch hat immer versucht, seine Grenzen zu überschreiten, im Denken, in der Suche nach transzendenten Erfahrungen – und eben im Ritual. Die härteste Grenze, die das Leben uns setzt, ist der Tod. Wenn jemand einen geliebten Menschen durch den Tod verloren hat, kann ein Ritual dabei helfen, den Verlust zu verkraften. Das Begräbnis selbst ist ein solches Ritual. Durch symbolische Handlungen in der Friedhofskapelle und am Grab wird der Verstorbene aus der irdischen Welt entlassen – und gleichzeitig machen die Hinterbliebenen bei diesem Ritual ganz persönliche Erfahrungen mit Leben und Tod. Im Ritual können die Menschen auch etwas von der Unsterblichkeit ihrer Seele erfahren, oft schwindet dann die Angst vor dem eigenen Tod.

Es ist schlimm, dass es nicht nur in den Großstädten immer häufiger den anonymen Tod und die anonyme Bestattung gibt. Dann wird der Leichnam nur noch zu einem Objekt der „Entsorgung" – wie die Beseitigung von Müll. Dagegen schafft das Totenritual eine Verbindung zwischen dem Verstorbenen und den Lebenden, aber auch zwischen der irdischen Welt und dem Jenseits.

Das Ritual wirkt als Brücke zwischen den verschiedenen Erfahrungsebenen: Rituelle Handlungen am Grab öffnen das Tor zur Welt des Geistes ebenso wie zur Welt des Gefühls. Ein Ritual, das die Menschen gemeinsam vollziehen, stärkt auch die Beziehungen untereinander.

Wer teilt, wird reicher

Beziehungen zwischen Menschen leben davon, dass geteilt wird – durchs Teilen wachsen sie sogar. Wer nicht bereit ist zu teilen, nimmt seinem Leben jede Entwicklung. Einer, der sein Leibgericht immer alleine isst, kann die Freude nicht erfahren, die das gemeinsame Essen mit anderen bereitet. Das Gleiche gilt für einen Spaziergang, für das Hören von Musik, fürs Betrachten eines Bildes, für das Zusammenleben im Haus. Die Menschen in der westlichen Kultur haben vergessen, dass es ein hoher Wert ist, miteinander zu leben und zu teilen – ein höherer jedenfalls, als nur sein eigenes Ich zu pflegen.

Die Freude am Gemeinsamen ist vielen Menschen verloren gegangen. Daran zerbrechen auch ihre Beziehungen. Häufig wird dann gesagt: Ich konnte mich in der Beziehung nicht mehr verwirklichen, ich war zu sehr eingeschränkt.

Grenzen, die offensichtlich gestört haben, gibt es überall – gerade deshalb ist es eine wunderbare Entwicklung, wenn man an seinen Grenzen wachsen kann. Das Miteinander macht solche Grenzen und den tiefen Sinn des Teilens bewusst.

Egoisten handeln nach dem Grundsatz, dass sie nur ihren eigenen Bedürfnissen folgen – ohne Rücksicht auf Grenzen. Wenn ein solcher Mensch eines Tages nicht mehr ein noch aus weiß, kann er sich selber helfen, indem er etwas verschenkt. Schenken ist der Schlüssel, um aus dem Teufelskreis des Egoismus herauszukommen – und zwar bedingungsloses Schenken, also nicht in der Erwartung, dass dafür umgehend Dank zurückkommt. Beim Schenken soll die eine Hand nicht wissen, was die andere tut. Schenken ist wie Teilen – es vermindert nicht, sondern vermehrt.

Ideal ist es, wenn man seine Bedürfnisse einerseits und die Bereitschaft zum Verzicht andererseits miteinander in Beziehung bringen kann. Das gilt auch für unseren Leib: Wenn wir auf etwas verzichten, zum Beispiel beim Fasten, dann kann das einen Zuwachs an Freude bedeuten. Bei der Seele ist es ähnlich. Deshalb tun Teilen und Geben der Seele gut.

Am gemeinsamen Familientisch wird alles miteinander geteilt: das Essen, die Zeit, die Aufmerksamkeit, das Gespräch. Rituale des Teilens geben jedem Menschen innere Stabilität, fördern das Vertrauen zueinander – und nehmen die Angst vor dem Alleinsein. Leider vergessen das viele, und jeder geht seinen eigenen Weg. Wenn nicht mehr geteilt wird, droht für alle die Beliebigkeit, dann macht jeder, was er will.

Ein wunderbares Teilungsritual bei Tisch ist uralt: Wenn alle sitzen, bricht einer das Brot und gibt reihum jedem ein Stück – ein Symbol dafür, dass man glücklicherweise genügend zum Leben hat und dies mit anderen teilt. Indem jemand teilt, wird er innerlich reicher und stärkt das Gemeinschaftsgefühl. Wir brauchen ja nicht gleich Blutsbrüderschaft zu schließen, aber wir sollten uns wieder bewusst machen, wie wichtig es ist, dass wir mit anderen teilen – das Essen, Gespräche, schöne Feste, unsere Aufmerksamkeit, das Leben.

Die höchste Form des Mit-Teilens erfährt ein Mensch, wenn er sein ganzes Leben mit anderen teilt. Ähnliches geschieht, wenn man sich einer Idee, einer Aufgabe, einem Kunstwerk oder auch einem spirituellen Leben hingibt. Man verschenkt sich, gibt alles hin und teilt, was man äußerlich und innerlich besitzt. Für so eine Hingabe kann ein Ritual wie die kirchliche Trauung bei Eheleuten sehr hilfreich sein, weil es den Glauben an Ideale, Visionen und an das Vertrauen in ein gutes Leben festigt – und eine ganz neue Dimension ins Leben der Menschen bringt.

Einschlaf-Rituale

Jeder Mensch hat seine Schlafrituale. Kinder brauchen oft ihre Einschlafmusik, den Teddybären oder die Gute-Nacht-Geschichte. Doch auch Erwachsene haben ihre Rituale: Der eine legt sich auf eine bestimmte Seite, er drückt das Kissen auf seine Art, liest vor dem Einschlafen. Andere Menschen kennen das alte Ritual des Nachtgebets, das ihnen ein Gefühl von Geborgenheit und Vertrauen schenkt, wenn sie sich in den Schlaf begeben. Ein Nachtgebet muss kein vorformulierter Text sein. Auch in Gedanken oder in einem Zwiegespräch kann man sich einer transzendenten Wirklichkeit öffnen. Selbstverständlich sind auch Autogenes Training oder andere Entspannungsübungen sinnvolle Möglichkeiten, in den Schlaf hineinzugehen.

In der Ordensregel der Benediktiner wird den Mönchen empfohlen, dass sie vor dem Einschlafen Frieden schließen sollen – mit sich selber und mit anderen. Das bedeutet nicht, schnell einen faulen Kompromiss einzugehen, etwas zu verdrängen oder abzuschieben, sondern mit dem Problem für heute wirklich Frieden zu schließen. Auf diese Weise wird nichts Ärgerliches, Böses oder Ungelöstes mit in den Schlaf hinein genommen.

Eine befreiende Erfahrung vor dem Einschlafen ist oft auch ein Schuldbekenntnis. Wer gegenüber einem

Menschen einen Fehler gemacht hat, kann für diese Verletzung vor dem Einschlafen in Gedanken um Verzeihung und Versöhnung bitten – er wird dann wahrscheinlich sehr viel leichter zum nächtlichen Frieden finden. Das Bekennen von Schuld ist kein Zeichen von Schwäche, sondern von Stärke und Menschlichkeit.

Wen allerdings kurz vor dem Einschlafen böse Gedanken verfolgen, dem steht vermutlich eine unruhige Nacht bevor. Ähnlich geht es denen, die mit tausend Problemen oder düsteren Geschäftszahlen von der Arbeit heimkommen und sich mit diesen Horrorbildern ins Bett legen.

Vor dem Einschlafen sollte man alle Eindrücke, die einen tagsüber bedrängt und beschäftigt haben, loslassen. Du machst dir zwar das Problem bewusst, entscheidest aber, dass du es jetzt nicht lösen willst oder nicht lösen kannst – erst am nächsten Morgen beschäftigst du dich wieder damit.

Es gibt viele Formen, wie man das Einschlafen gestaltet. Wichtig ist, sich überhaupt ein Ritual zu eigen zu machen – als bewussten Abschluss des Tages und an der Schwelle zum unbewussten Zustand des Schlafes.

Den Jahreskreis feiern

Die Jahreszeiten geben dem Leben der Menschen einen eigenen Rhythmus. Für Städter, die den Bezug zur Natur weitgehend verloren haben, ist es allerdings nicht leicht, sich in diesen Rhythmus einzuschwingen – am ehesten gelingt es über die kirchlichen Feste, die seit jeher im Einklang mit den Rhythmen der Natur stehen.

An Weihnachten feiern die Christen in aller Welt die Geburt Jesu, also die Ankunft Gottes bei den Menschen. In diese Zeit fällt auch das Fest der Wintersonnenwende. Die Kelten, Germanen und alle Naturvölker der nördlichen Erdhalbkugel freuten sich, dass jetzt der Winter überwunden war – ähnlich wie im Christentum, in dem die Geburt Christi den Beginn des neuen Lebens symbolisiert.

Das Frühjahr ist geprägt vom Osterfest, dem Symbol der Auferstehung in der Natur wie auch im Menschen. 50 Tage danach wird das Pfingstfest gefeiert, das für Christen die Ausgießung des göttlichen Geistes in die Menschen bedeutet. Im Juni, wenn die Sonne ihren höchsten Stand erreicht, folgt das Geburtsfest von Johannes dem Täufer. Doch mit dem Beginn des Sommers kündigt sich bereits die Umkehr des Lichtes an: Die Tage werden wieder kürzer. Der Sommer findet seinen christlichen Höhepunkt an Maria Himmelfahrt (15. August) zur Zeit der größten Hitze und der üppigsten Fülle in der Natur. Beim Erntedankfest im Herbst ist Dankbarkeit der Schlüssel zum Tor fur den Weg zurück, nach innen, in die Ruhe. Mit den Totenfesten an Allerheiligen/Allerseelen und dem Ewigkeitssonntag neigt sich das Jahr dann allmählich dem Ende zu.

Wer sich in den Kreislauf dieser religiösen Feste begibt, kann den Rhythmus der Natur miterleben, selbst wenn er in einer Großstadt lebt. Was sich im Rhythmus des Jahres in der Natur an Werden und Vergehen ereignet, hat seine Entsprechung im Inneren des Menschen: Für die Harmonie seiner körperlichen und spirituellen Entwicklung geben die Jahreszeiten den Takt. Der Mensch tut der Seele und dem Körper etwas Gutes, wenn er sich in diesen Rhythmus einfügt. Im Frühling unter den ersten warmen Sonnenstrahlen ist man ein anderer Mensch als im Dezember, wenn der Schnee unter den Schuhen knirscht.

Dieser natürliche Kreislauf ist auch dort zu spüren, wo es keine Jahreszeiten gibt, zum Beispiel in den Tropen. Dann helfen die religiösen Feste, die in den Naturreligionen gefeiert werden, um den Rhythmus des Lebens zu spüren. Die bewusst gestalteten religiösen Feste dienen dazu, beim Menschen Spiritualität und praktisches Leben miteinander in Beziehung zu setzen.

3.
Berührungen mit Gott

Spiritualität entsteht, wenn der Mensch Beziehungen aufnimmt – zu sich selber, zu anderen, zur Natur, zur Schöpfung und zu jener transzendenten Kraft, die bei Juden, Moslems und Christen Gott genannt wird. Indem der Mensch seine verschiedenen Erfahrungen auf der körperlichen, sozialen, seelischen und geistigen Ebene zueinander in Beziehung bringt, erlebt er sich in seiner Ganzheit – eine Erfahrung, die man mit Worten schwer beschreiben kann.

Die Seele weitet den Blick und das Herz und kann dem Menschen die Gewissheit geben, dass er in ein großes, universales Netz eingebunden ist. Das ist dann eine mystische Erfahrung des Lebens – sie drückt sich aus in großem Staunen, im Gefühl des Einsseins mit allem. Der Mensch fühlt, dass er nicht allein ist, sondern geborgen in der Schöpfung. Was er in solchen Augenblicken empfindet, wird in den Religionen und großen Weisheitslehren als eine „Gotteserfahrung" bezeichnet.

Die Almwiese schwingt in C-Dur

Es gibt ein Experiment, bei dem – mit hochempfindlichen technischen Instrumenten – die Schwingungen von Gräsern und Blumen auf Almwiesen aufgenommen und anschließend in akustische Töne umgewandelt wurden. Das Ergebnis war verblüffend: Auf der Gebirgswiese schwang alles harmonisch in C-Dur.

Zwar können wir Menschen dieses grandiose Konzert nicht mit den Ohren hören, weil unser Sinnesorgan so feine Frequenzen nicht mehr wahrnimmt. Aber auf irgendeine Weise scheinen die lautlosen, wunderbaren Schwingungen unseren Organismus doch zu berühren, sonst würden wir uns auf Almwiesen nicht so wohl fühlen.

Harmonischen Klängen wurde und wird in allen Kulturen eine ganz besondere Heilwirkung zugeschrieben. Umso wichtiger ist es für uns Menschen, achtsam mit Musik und Tönen umzugehen; denn manche Klänge können genauso schaden wie falsches Essen und Trinken, wie unregelmäßiger Schlaf oder Stress. Jeder weiß selber, welche Musik, welche Töne ihm gut tun. Wenn man danach gelöst und in friedlicher, freundlicher Stimmung ist, war die Wahl sicher richtig. Wem es nach dem Musik hören nicht gut geht, wer sich „herabgezogen“ fühlt, sollte diese Wirkung ernst nehmen und sich dieser Musik nicht mehr aussetzen.

Eine ganz besondere Art von Schwingung kann der Mensch durch seine „innere Stimme“ erfahren. Diese sehr leisen Töne sind Botschaften, die von sensiblen Menschen gehört und verstanden werden. Leider achten viele Menschen nicht darauf – oder sie können diese zarten Töne nicht wahrnehmen. Dabei sind es oft wichtige Mitteilungen aus der Seele, die dem Menschen helfen, wenn er in einer Entscheidungssituation steht und allein mit dem Verstand nicht mehr weiter weiß. Viele haben es an sich selber schon erlebt: Plötzlich stellt sich eine innere Gewissheit ein und man weiß, welche Entscheidung getroffen werden muss – und folgt seiner inneren Stimme, weil sie auf scheinbar unerklärliche, manchmal sogar auf ganz und gar unlogische Weise den Weg weist.

Das Hören auf die leise Stimme des Herzens ist den meisten Menschen abhanden gekommen – doch es lohnt sich, diese Wahrnehmung wieder zu schulen. Die feinen, sanften Töne aus der Seele schenken uns Wohlbefinden – und wirken sich heilend auf den Körper aus.

Von heilsamen Klängen

Über Jahrtausende haben die Menschen aller Kulturen erfahren, dass Musik und Gesang der Seele und dem Körper gut tun. Ganz offensichtlich fördern harmonische Klänge das Wohlbefinden.

Singen zum Beispiel sättigt die Seele, auch – oder sogar noch mehr – in Gemeinschaft. Deshalb genießen so viele Menschen das gemeinsame Singen im Chor – egal ob Schlager, Volkslieder oder anspruchsvollere Kompositionen. Singen versetzt den Menschen – Körper, Geist und Seele – in eine gute Schwingung und ist ein einfaches Mittel zur Gesundheitsförderung.

In der buddhistischen Tradition wurde mit Klangschalen sogar eine eigene Heiltherapie entwickelt. Die Schallwellen, die nach einem Gong von den Obertönen der Klangschale ausgehen, werden zu bestimmten Körperzonen und Organen geleitet, wo die Vibrationen heilend wirken.

Die heilsamen Klänge der Erde finden sich nicht nur in Liedern und in der Musik. Wenn Vögel zwitschern, wenn nach dem Blitz der Donner rollt, wenn im Bach das Wasser dahinplätschert, wenn Regen herunterprasselt, wenn das Meer hohe Wellen an die Felsen peitscht – der ganze Kosmos ist Klang. Die Töne in der Natur nehmen Tag und Nacht Einfluss auf uns Menschen. Sie bringen Körper und Seele in Bewegung und heben die Stimmung. Deshalb sollten wir lernen, wieder „hellhörig“ für diese Töne zu werden, damit sie an uns nicht wie an einem Panzer abprallen. Im Park, beim Spaziergang am Bach und im Wald können wir diese Stimmen der Schöpfung bewusst wahrnehmen – sie wirken sich auf unser Wohlbefinden oft besser aus als manches Medikament.

Dem Lärm aber, den uns das moderne Leben „um die Ohren schlägt“ – laute Flugzeuge, Rasenmäher, Autos und Motorräder, überdrehte Lautsprecherboxen – , sollte sich der Mensch entziehen, wo immer es möglich ist, weil uns solche Geräusche auf Dauer schaden können.

Die Macht der Bilder

Von Bildern gehen Wirkungen aus. Das weiß jeder, der durch Ausstellungen und Museen geht oder vor den Gemälden in Kirchen und Domen verweilt. Die Farben und Formen, die gegenständlichen Motive oder abstrakten Kompositionen beruhigen den Betrachter, regen ihn an, lösen manchmal Aggressionen aus oder versetzen ihn in einen Zustand innerer Harmonie. Das kontemplative Betrachten eines Bildes, die Versenkung, wenn man es auf sich wirken lässt – das sind heilende Augenblicke, die man in allen Religionen und Kulturen kennt. Dabei spielt es keine Rolle, ob das Bild gegenständlich gemalt ist oder ganz abstrakt ein Farben- und Formenspiel wiedergibt.

Die von Künstlern geschaffenen Werke sind aber nicht die einzigen Bilder voller Heilkraft, die der Mensch mit seinen Augen aufnimmt – auch die „inneren" Bilder wirken. Sie steigen aus dem Unbewussten auf – als Empfindungen oder Ängste, als Glückserlebnisse oder Fantasien. Solche Bilder können für die Gesundheit des Menschen genauso aufbauend oder zerstörerisch wirken wie die Kunstwerke an den Wänden. Auch sie berühren den Menschen in seinem Herzen.

Das gilt auch für die vielen visuellen Eindrücke, die man im Lebensalltag ständig wahrnimmt. Sie wirken sich ebenfalls auf den Körper und die Seele aus –

aufbauend oder destruktiv. Wer je auf einem Berggipfel saß und seinen Blick hinunter ins Tal wandern ließ, wer bewusst zerklüftete Felsen oder bewaldete Hügel betrachtet, wer auf der Gartenbank Blumen und Gräser anschaut, wer Vögel beobachtet oder nachts zum Sternenhimmel hinaufblickt, wer am Kamin ins offene Feuer schaut oder am Strand aufs Meer hinausblickt – er erlebt Bilder, die ihm die Schöpfung schenkt. Sie berühren auf geheimnisvolle Weise die Seele des Menschen. Es ist ein heilsames Schauen, das dem Menschen Kraft gibt fürs Leben.

Wenn Wasser heilt

Wasser gehört zu den großen Kostbarkeiten der Schöpfung. Es löscht nicht nur den Durst, sondern kann – in wärmenden oder kühlenden Umschlägen, als Trink-Kur oder reinigendes Bad, für manche Christen als Weihwasser – auch ein Heilmittel sein.

Bei der Taufe wird Wasser zum Symbol für die heilsame Beziehung zwischen Gott und Mensch.

In fast allen Kulturen wird Wasser bei Ritualen zur spirituellen Reinigung und Erneuerung eingesetzt. Klöster, Kirchen und heilige Plätze entstanden in der Regel dort, wo Quellen waren. Der berühmte Pfarrer Kneipp hat die heilende Kraft des Wassers in vielfacher Weise für Kranke empfohlen – als Trinkkur und in Form von Wassergüssen, Waschungen und Bädern. Seine Lehre von der Heilkraft des Wassers gilt noch heute.

Wasser ist in vielerlei Hinsicht heilsam. Manche Menschen suchen sich ihre eigenen „Wasser"-Plätze: eine Quelle in der Natur oder an besonderen Orten, eine Bank am Teich oder an einem See, einen Baumstumpf neben einem Bach oder am Fluss. Das Verweilen an solchen Plätzen schenkt der Seele inneren Frieden. Auf Wasser zu schauen oder es zu hören, kann für den Menschen ein besonderes Erlebnis sein. Wer an einem Bach oder am Meer sehr bewusst mit

Augen und Ohren diese Eindrücke auf sich wirken lässt, wird solche Augenblicke als überaus wohltuend empfinden. Nicht zufällig sind Plätze am Brunnen, wo man das Plätschern von Wasser hört, so wunderbar beruhigend.

Meditation für Anfänger

Die Zahl der Menschen, die täglich meditieren, wächst. Meditation wird meistens als eine Selbstversenkung verstanden – mit dem Ziel, zu einer „Erleuchtung", zur inneren Berührung mit dem Göttlichen zu kommen. Für diese bewusste Öffnung gibt es verschiedene Techniken: Zen, Yoga, Gebete, autogenes Training, christliche und anthroposophische Methoden – die Auswahl ist schier unerschöpflich. In der Meditation will sich der Mensch über seine irdischen Schwächen und Leidenschaften erheben. Er möchte zu einer demütigen Selbsterkenntnis kommen und die mystische Erfahrung machen, die in einer Beziehung zu Gott entsteht. Dieses Erlebnis führt ihn zu Einsichten, die sein Leben verändern. Die heilsamen Auswirkungen der Meditation auf Körper und Seele sind inzwischen in vielen Studien nachgewiesen.

Meditation heißt: in die Mitte kommen, zu sich selber finden. Dabei ist es hilfreich, für die Meditation einen Ort zu wählen, wo man sich für eine kurze oder längere Zeitspanne ganz aus dem Alltag herausnimmt. Natürlich kann man zum Meditieren in eine ruhige Kirche gehen, aber auch ein Stuhl zu Hause in einem stillen Zimmer kann ein geeigneter Platz sein. In der Meditation versucht der Mensch, ganz bei sich selbst zu sein – das bedeutet: nicht dösen bei geschlossenen Augen, sondern im höchsten Maße wach sein, sich öffnen, ein inneres Bild betrachten, dem Fluss des Atems nachspüren.

Ideal wäre es, mehrmals am Tag eine kurze Meditation zu machen. Jeder kann dabei seinen eigenen Rhythmus bestimmen – der eine meditiert nach dem Aufstehen und am Abend, andere nutzen die Mittagspause, manche halten alle ein, zwei Stunden für ein paar Minuten inne.

Auch wer seinen Tag damit beginnt, dass er nach dem Aufstehen eine halbe Seite aus der Bibel oder einem anderen spirituellen Buch, liest, übt bereits eine Form von Meditation. Sogar der berühmte Kalender mit dem Spruch zum Tag (sofern es nicht sinnlose Blödeleien sind) kann zur Meditation werden, wenn man jeden Morgen darüber nachdenkt.

Manche legen vor dem Frühstück eine CD mit gregorianischen Gesängen oder einer klassischen Sonate auf und hören den Klängen zu – es sind Minuten der Andacht, die sie für kurze Zeit zu sich selbst führen.

Und wer zuhause keine Ruhe findet, kann auch den Weg zur Arbeit für seine Meditation nutzen: Vielleicht gibt es einen Baum, eine Bank, die für ein paar Momente zum Innehalten einlädt – ohne dass es die übrigen Passanten stört.

Die Seele reist langsam

Ein frommer Muslim, so wird erzählt, machte mit dem Flugzeug eine Pilgerreise nach Mekka. Dort betrat er die Moschee jedoch nicht sofort zum Gebet, sondern hielt sich erst einmal einige Tage lang im Bereich davor auf. Freunde fragten ihn, warum er denn nicht in die Moschee hineingehe? Er antwortete ihnen: „Ich warte. Denn die Seele reist langsam."

Die Menschen sind es gewohnt, schnell unterwegs zu sein. Das Flugzeug, das Auto und die Bahn bringen unseren Körper rasch von einem Ort zum anderen. Doch die Seele braucht Zeit, um nachzukommen – leider wird diese Erfahrung oft ignoriert. Die Gedanken, Gefühle und Empfindungen eines Menschen entfernen sich meist weit vom Körper. Wenn aber die Seele nicht im Einklang mit dem Leib ist, wird der Rhythmus des Lebens gestört.

„Zeit ist Geld", sagt ein Sprichwort – und redet den Menschen ein, dass sie immer mit hohem Tempo unterwegs sein müssen. Aber die Seele reist langsam. Deshalb ist es wichtig, auch den Leib sorgsam zu beachten. Das Tempo, mit dem wir durchs Leben rasen, ist viel zu schnell. Dadurch wächst die Gefahr, dass wir dauerhaft in einen Zustand geraten, der sonst nur bei Langstreckenflügen eintritt: den ‚Jetlag' – er zerreißt den Rhythmus von Wachsein und Schlafen, von Leib und Seele.

Im alltäglichen Leben ist es sinnvoll, dass der Mensch öfter einen Augenblick der Stille einlegt, damit er sich wieder selbst wahrnehmen kann. Wenn Leib und Seele getrennt sind, wenn unsere Empfindungen weit weg sind vom Körper, dann liefern wir uns den ständig wechselnden Informationen, Worten und Bildern aus, die uns mit hoher Geschwindigkeit umschwirren.

Doch die Kraft des Herzens, die der Mensch erfahren und erahnen will, kann er nur spüren, wenn er in sich selber ruhig wird. Die Stille hilft, dass Herz und Mund, Gedanken, Leib und Seele sich in einem Rhythmus vereinen, der dem Menschen gut tut.

Kraft der Gedanken

Was ein Mensch sagt und denkt, hat gewaltige Auswirkungen. Viele spüren instinktiv, welchen Einfluss Worte und Gedanken auf andere Menschen haben, aber auch auf den, der sie spricht oder denkt. Trotzdem ist uns die Bedeutung dieser uralten Erfahrung heute kaum noch bewusst.

Im Wissen um solche Kräfte empfiehlt zum Beispiel die 1.500 Jahre alte Ordensregel der Benediktiner, dass die Mönche an ihrem Mund einen „Wächter“ aufstellen sollen. So bekommt auch das Schweigen eine besondere Bedeutung – nicht als Verstummen, sondern als eine Qualität des Hörens und Zuhörens, wenn der andere spricht. Im Schweigen und im Aussprechen guter Gedanken gibt der Mensch sich selber und anderen eine besondere Lebensqualität. Nichts ist schlimmer im Gespräch, als wenn ein Argument das andere jagt und die eigenen Gedanken nicht mehr ausreifen können, weil man ständig unterbrochen wird.

Der sorgsame Umgang mit Worten und Gedanken könnte viel Unheil im Leben verhindern. Wer spürt, dass bei ihm destruktives Denken – Wut, Hass, Zorn, Neid, Missgunst, Habsucht, Stolz – häufiger auftaucht, sollte darüber mit einem vertrauten Menschen sprechen. Oder mit jemandem, der es gut mit ihm meint.

Natürlich muss sich auch jeder selbst mit seinen zerstörerischen Gedanken auseinander setzen und versuchen, sie zu ordnen. Aber das eigene Denken braucht eben auch die Spiegelung durch andere, nur so kann es korrigiert werden. Darum ist die Fähigkeit, zuzuhören und Kritik anzunehmen, so wichtig.

Auch das bewusste Erleben von Stille kann helfen, wenn schlechte Gedanken und Gefühle aufkommen. Ist es wirklich gut, dass ununterbrochen CDs, das Radio oder der Fernseher laufen? Stille und Schweigen sind kein Luxus – jeder kann sich bewusst aus dem Lärm zurücknehmen.

Viele glauben, dass es ihnen selber nicht schadet, wenn sie für einen anderen Menschen Hass, Wut oder Missgunst empfinden. Doch solche Gedanken verletzen nicht nur den anderen, sondern schaden auch dem, der sie aussendet. Negative Gefühle können die Ursache für zahlreiche körperliche Krankheiten sein. Magengeschwüre, Darmprobleme, Rückenschmerzen, Herz- und Kreislauferkrankungen – viele Leiden entstehen, wenn sich beim Menschen schlechte Gefühle und Gedanken zu psychischen Konflikten verdichten, die sich, wenn sie zu lange ignoriert werden, körperlich zu Wort melden.

Die Kostbarkeit der Stille

Stille ist ein kostbares Gut. Überall wird geplappert, in der Wohnung läuft ununterbrochen das Radio, in den Autos wummert Musik. Nur wenn sich ein Mensch bewusst aus diesem Lärm zurückzieht – vielleicht bei einer Wanderung oder auf einer Kirchenbank, im eigenen Garten, daheim auf dem Balkon oder in einer Zimmerecke – und die Geräusche um sich herum auf Null dreht, tritt Stille ein.

Manche können das erst schwer ertragen, denn jetzt sind die inneren Stimmen zu hören. Anfangs melden sie sich oft genauso massiv wie der Außenlärm – sie steigen als lang ignorierte Ängste, Wünsche, Emotionen und Zwänge aus den Tiefen des Unbewussten auf. Dort waren sie eingelagert und wegen des äußeren Lärms unhörbar geworden. Jetzt, in der Stille, machen sie sich bemerkbar, indem sie erst einmal Unruhe und Selbstzweifel erzeugen.

Viele Menschen halten die Emotionen, die dann an die Oberfläche des Bewusstseins gespült werden, nicht aus. Sie sehnen sich zurück nach der akustischen Dauerberieselung, die ihnen manche Probleme vom Leib gehalten hat, schalten wieder das Radio an, zappen sich durch die TV-Programme und geben im Leben erneut Gas. Andere bleiben bei den Ängsten hängen, die in ihrem Inneren aufgetaucht sind, und versuchen sie mit übertriebenem Eifer zu analysieren.

Doch dieses verbohrte Grübeln bringt selten Erfolg. Klüger ist es, sich mit den aus der Stille hochgekommenen Emotionen nicht sofort analytisch zu beschäftigen. Man soll diese Gefühle annehmen, ihre Existenz akzeptieren, sie aber nicht bewerten – die Zeit, um die Probleme zu lösen, ist wahrscheinlich noch nicht reif.

Stille ist der Zustand, in dem ein Mensch seine innere Stimme hören kann. Deshalb tut es gut, bewusst einen Ort oder einen Raum aufzusuchen, um die Gedanken loszulassen und zunächst nur noch die Stille wahrzunehmen. Manchmal erwächst in solchen Lebenssekunden eine tiefe Erfahrung von Glück und innerer Ruhe. Aber man darf sich nicht entmutigen lassen, wenn sich so ein Erlebnis nicht sofort einstellt – diese Berührung des Herzens braucht Übung.

Wachstum beginnt im Dunkeln

Das Universum, Pflanzen, Tiere und Menschen – der Blick auf die Schöpfung zeigt, dass Wachstum fast immer im Dunkeln beginnt. Von den meisten Menschen wird die Dunkelheit allerdings als Bedrohung empfunden, deshalb machen sie gerne die Nacht zum Tag. Spätestens durch die Erfindung des elektrischen Lichts und mit Einführung der Schichtarbeit wurde die Nacht als wichtige Phase im natürlichen Rhythmus des Lebens grundsätzlich außer Kraft gesetzt. Wie passt das zu der Erkenntnis, dass alles Leben im Dunkeln entsteht? Der Mensch wächst in der Dunkelheit des Mutterleibes heran, jedes Samenkorn ist von Erde bedeckt. Auch die Geheimnisse der großen Religionen spiegeln diese Erfahrung wider: Ihre Hochfeste – im Christentum etwa die Geburt Jesu, aber auch seine Auferstehung – werden mit nächtlichen Gottesdiensten gefeiert. Es sind Heilige Nächte, in denen das neue Leben erwacht.

Merkwürdigerweise neigen viele Zeitgenossen dazu, alles ans Licht, an die Öffentlichkeit zu zerren – und zerstören damit den Zauber der Dunkelheit und mit ihm manch wunderbare Geheimnisse. Die Geräusche der Nacht, die Wahrnehmungen jenseits der Helligkeit gehen verloren; viele fürchten sich sogar vor den Erfahrungen der Dunkelheit. Doch es ist ein Prinzip des

Lebens, dass ohne Dunkelheit kein Geistesblitz auftauchen kann und keine Sternstunde unser Herz mit Freude erfüllt. Wer die bewussten Nacht-Erfahrungen der Seele meidet und damit auf die Kraft des Irrationalen und Unbewussten verzichtet, die jenseits des Verstandes existiert, verbaut sich den Zugang zu wirklich neuen Ideen.

Zum ausgewogenen Lebensrhythmus eines Menschen gehören nicht nur die Wahrnehmungen am hellen Tag, sondern auch das Unbewusste, die Nacht, die Dunkelheit, der Schlaf. Im Dunkeln macht der Mensch mystische Erfahrungen, sodass eine innere Verwandlung beginnen kann. Weise Menschen schlafen erst einmal eine Nacht darüber, bevor sie wichtige Entscheidungen fällen. Wer nachdenkt, in sich hineinhört, wer nach Lösungen für sein Problem sucht, verschließt oft unbewusst die Augen, damit aus der Dunkelheit neue Ideen aufsteigen können. Viele Erfinder tappten im wahrsten Sinn des Wortes im Dunkeln, bevor ihnen das berühmte Licht aufging. Jeder Mensch sollte hin und wieder seine Augen schließen und darauf achten, was in seiner eigenen Dunkelheit passiert. Allerdings erfordert es oft viel Geduld, bis die Leuchtfeuer des Denkens ausgeschaltet sind.

4.
Was Beziehungen schenken

Alle Menschen haben Sehnsucht nach stabilen, guten, befruchtenden und erfüllenden Beziehungen. Der Mensch ist ein Beziehungswesen – und das äußert sich in allen Bereichen seines Lebens. Nicht nur im Zwischenmenschlichen.
Denn zunächst braucht jeder Mensch eine gute Beziehung zu sich selbst: Auch der eigene Körper ist bereits ein „Beziehungswesen". Wenn die internen Beziehungen gestört sind, bricht Chaos aus. Wenn ein einzelnes Organ streikt, wird das gesamte innere Netzwerk gestört – oft mit lebensbedrohlichen Folgen.

Es ist also gut, wenn sich unser innerstes Wollen darauf ausrichtet, dass unsere Beziehungen funktionieren – die zu uns selber, zu anderen Menschen und zur gesamten Schöpfung. Diese Beziehungen hängen eng miteinander zusammen. Sie entwickeln und verändern sich – und sind ein Zeichen des Lebens.

Zeit für den Käfer

Wer zu sich, zu anderen Menschen, zur Schöpfung oder zu Gott in Beziehung treten möchte, braucht Zeit. Entschleunigung ist das Zauberwort, das uns wieder öffnet für die Magie, die in der wirklichen Begegnung liegt.

Wenn jemand sich einen Blumensamen kauft, die Erde aufbereitet, den Samen einsetzt, ihn gießt und wachsen lässt, wird er entdecken, dass Wachstum seine eigenen Gesetze hat – weit weg von den Geschwindigkeiten, die in unserer Gegenwart in der Regel viel zu hoch sind. Der Blumensamen wächst heran, aber er braucht seine Zeit. Mit den Menschen ist es im Grunde nicht anders. Auch sie brauchen Ruhe, entwickeln sich behutsam und sollten nicht ständig unter Druck gesetzt werden, damit alles schneller geht.

Übertriebene Hast kann auch ein Zeichen dafür sein, dass Menschen das Vertrauen zum Leben verloren haben. Sie wollen immer schneller immer mehr, damit sie sich gerüstet glauben, falls etwas Unerwartetes auf sie zukommt.

Dabei steckt in jedem Menschen die Kraft, mit der er sein Leben bewältigen kann. Das Leben entfaltet sich aus ihm selber heraus. Geduld hilft, die Dinge wachsen und reifen zu lassen. Geduld ist eine Tugend. Das ewige Drängeln, der ständige Zwang zur Beschleunigung dagegen steigert sich zu einer dämonischen Dynamik, die uns die Luft zum Leben nimmt und zerstörerisch wirkt.

Entschleunigung bedeutet, sich selbst wieder in den Blick zu nehmen. Erst die Langsamkeit ermöglicht das Wahrnehmen von Fehlentwicklungen. Das ist wichtig, weil sonst die wilde Jagd durchs Leben nicht abgebremst wird.

Wie das gehen kann? Man kann sich zum Beispiel wenigstens einmal am Tag Zeit nehmen, um etwas in Ruhe zu betrachten, um sich mit einem Buch, einem Gedanken, einem Musikstück, mit einem Baum oder Käfer sehr bewusst zu beschäftigen. Schon das entschleunigt – und wirkt sofort.

Der innere Tacho

Ein voller Terminkalender ist noch lange kein Beweis für die Existenz tragfähiger Beziehungen. Im Gegenteil: Er zwingt das Leben oft in einen Rhythmus, der eigentlich für den Menschen zu schnell ist; denn er zwingt dazu, von einer Begegnung zur anderen zu hasten. Und die modernen Telekommunikationsmittel, vom Handy bis zur E-Mail, beschleunigen noch einmal. Die Menschen telefonieren ständig und verschicken Nachrichten, jeder will mit jedem sprechen. Viele sind dennoch kaum zu erreichen, weil sie selber telefonieren oder vor Überdruss ihr Handy aus- und die Mailbox eingeschaltet haben. Diese Vernetzung ist mehr Verstrickung als Beziehung. Sie bringt uns nicht etwa Zeit zurück, sondern beschleunigt zusätzlich.

Auf den Datenautobahnen scheint es keine Geschwindigkeitsbegrenzungen mehr zu geben. Und mittendrin steht der Mensch, der unverändert nur zwei Beine hat, zwei Augen, zwei Ohren, ein Hirn – und hoffentlich noch sein Herz.

Deshalb ist es sinnvoll, immer auf den inneren Tacho zu schauen und zu prüfen, ob das äußere Tempo noch im Einklang mit der inneren Verfassung ist. Denn erst wenn einem die Störung bewusst wird, kann man dagegen etwas tun. Menschen sind von ihrem Wesen her nur bedingt für rasante Geschwindigkeiten geeignet. Viel Unglück geschieht, weil das Tempo zu hoch ist, der Mensch seine Grenzen überschreitet und in einen Bereich gerät, der jenseits seiner kontrollierten Wahrnehmung liegt. Wenn Bilder, Zahlen und Erfahrungen an ihm vorbeirasen, kann er diese Eindrücke nicht mehr bewusst aufnehmen und für sein Leben verarbeiten.

Alleine leben

Ein Problem unserer Gesellschaft ist die „Vereinzelung“ der Menschen. Denn wer sich ins Alleinsein zurückzieht, entwickelt häufig Grundhaltungen, die weder dem Einzelnen noch der Gesellschaft gut tun.

Wer alleine lebt, ist meist stärker auf sich bezogen als Menschen in Familien. Gleitende Arbeitszeiten, Schichtarbeit, die Auflösung des Sonntags, offene Geschäfte bis Mitternacht – sie stören Alleinlebende, die auf verbindliche Beziehungen verzichten müssen oder wollen, nur wenig. Ihr Lebensstil bringt es mit sich, dass sie sich leichter von Rhythmen lösen können, die eine Gesellschaft strukturieren.

Aber für Menschen, die in Gemeinschaft mit anderen leben, sind Entwicklungen, die den gemeinsamen Rhythmus gefährden, bedrohlich. Wenn jeder nach seiner Facon lebt, dann ist das Miteinanderleben kaum noch möglich: Es gibt keine gemeinsamen Mahlzeiten mehr, keine gemeinsamen Feierabendzeiten, die Tage und Wochen verlieren ihre Struktur.

Für den, der eh ungebunden lebt, mag das gleichgültig sein – es ist ja kein anderer da, auf den Rücksicht genommen werden muss. Insofern verspricht das Alleinleben eine verführerische Freiheit und kann zur Loslösung von allen Bindungen führen.

Viele Menschen verweigern sich einer Beziehung. Mitunter sind die Ansprüche an den Partner so hoch, dass selbst die einfachsten Alltagsprobleme schon Krisen erzeugen. Der abgetrennte Knopf im Abflussrohr der Waschmaschine, ein Bedienungsfehler am Espresso-Automaten, der vergessene Tüv-Termin beim Auto – wie oft verursachen lächerliche Fehler einen Streit, der in Zornausbrüchen und kaltherzigen Beleidigungen endet.

Wer sein Leben mit einem oder mehreren Menschen teilen möchte, muss dazu bereit sein, sich einzuschränken, sich mit den anderen auseinander zu setzen und auf sie Rücksicht zu nehmen. Auch die eigenen Schwächen lassen sich in einer Beziehung nicht verstecken – und umgekehrt müssen die Unzulänglichkeiten des anderen ertragen werden. All das kann zu Kritik, zu Streit und zu Verletzungen führen und fordert dazu heraus sich ins Verzeihen einzuüben.

Nicht zuletzt verliert der Einzelgänger auch die Freude, die der gemeinsame Alltag bereitet. Um Glück zu erleben, braucht der Mensch verlässliche Beziehungen. Sich abzukapseln, ist nicht gut für die Seele.

Reform des Herzens

Die Schulen gehören zu den Institutionen, in denen Werte vermittelt werden. Doch immer mehr Lehrer scheinen zu resignieren: Mit der durchaus notwendigen Abschaffung eines früher viel zu autoritären Schulsystems ist man inzwischen weit übers Ziel hinausgeschossen.

Das Klima in vielen Schulen wird geprägt von Egoismus, Willkür und Gewaltbereitschaft. Dieses explosive Gemisch ist ungeeignet für die Vermittlung von Werten, Idealen und sinnvollen Leitlinien für das künftige Leben junger Menschen. Oft sind gerade die engagiertesten Lehrer dem Schulstress nicht mehr gewachsen und scheitern. Aus aktuellen Untersuchungen ist bekannt, dass vier von fünf Lehrkräften an Überforderung leiden.

Das Hauptproblem – und da überschneiden sich Schule und Familie – scheint aber weniger in den Lehrmethoden oder an mangelnder Leistungsbereitschaft der Schüler zu liegen, sondern in der verbogenen Einstellung der Erwachsenen zu Kindern.

Kinder brauchen von klein auf Liebe und Geborgenheit. Ihre emotionale Verankerung in der Familie, das bedingungslose Vertrauen in Vater und Mutter – auf diesem sicheren, stabilen Fundament können sich der Säugling, der heranwachsende Knirps, der

Erstklässler, die pubertierende Vierzehnjährige, der Berufsschüler oder die Abiturientin entfalten. In der Geborgenheit der Familie lernen sie leichter – für die Noten und fürs Leben.

Es klingt altmodisch, könnte aber den richtigen Weg weisen: Väter und Mütter, Nachbarn, Lehrer und Vereinsvorstände – wir Erwachsene müssen uns den Kindern mit unseren Herzen zuneigen. Dazu braucht man keine Bürokratie und keinen Psychologen, sondern Liebe. Die bestgemeinten Sozial- und Erziehungsprogramme werden erfolglos bleiben, wenn die Kinder nicht das Grundvertrauen spüren, das sie im Elternhaus trägt, auch wenn es Krisen und Konflikte gibt. Diese emotionale Bindung in der Familie ist vielleicht wichtiger als das ausgefeilteste Schulkonzept.

Die Bildungspolitik im Land der Dichter und Denker braucht eine grundlegende Reform, aber weniger eine methodisch-didaktische, sondern eine, die aus dem Herzen der Erwachsenen kommt.

Die Mutterwunde

Während der Schwangerschaft lebt der ungeborene Mensch in einem Urzustand der Geborgenheit im Mutterleib. Nur in bestimmten Ausnahmefällen spürt er in diesem Zustand Schmerzen. Mit der Geburt und seinem Eintritt ins äußere Leben erfährt das Kind einen Trennungsschock – diese „Mutterwunde“ ist der erste tiefe Schmerz. Wenn sie nicht bewusst bearbeitet wird, wenn der Mensch in seiner Kindheit keine verlässlichen Erfahrungen von Geborgenheit macht, wird diese Wunde weiter schmerzen.

Es gibt Menschen, die ihre „Mutterwunde“ ein Leben lang spüren. Sie machen leidvolle Erfahrungen von Gefühlskälte und sind ewig auf der Suche nach Geborgenheit. Viele scheuen Auseinandersetzungen, weil sie schon das Gefühl der Trennung durch Meinungsverschiedenheit nicht aushalten. Andere suchen unbewusst in jeder Frau die Mutter, dieses uralte Gefühl umfassender Geborgenheit, werden jedoch immer wieder enttäuscht und leben ständig in der Angst vor Trennungen. Geradezu krampfhaft wollen sie jenen Urzustand des Glücks wiederfinden, den sie im Mutterleib gefühlt haben.

Gerade für diese Menschen ist der Aufbau von Beziehungen wichtig, die ihnen echte Geborgenheit geben, die sie schützen und stützen – aber nicht im Sinne von Mutterersatz, sondern auf erwachsene Weise, also so, dass die gesunde Eigenständigkeit nicht als Verlassensein empfunden wird.

Die Psychotherapeuten wissen, dass die „Mutterwunde“ am besten durch ein Leben in Gemeinschaft geheilt wird – durch das bewusste Zusammenleben mit Menschen, die Liebe und Geborgenheit geben, die den anderen mit all seinen Schwächen und Unzulänglichkeiten annehmen.

Das kann die Zweierbeziehung in der Ehe sein, die Familie oder eine Freundschaft. In der wohl höchsten Form ist es die religiöse Beziehung zu Gott, bei dem sich die Sehnsucht des Menschen nach Einssein in bedingungsloser Geborgenheit erfüllen kann.

Die Vaterwunde

Kinder leiden, wenn sie der Vater nicht wahrnimmt – ihre Schönheit, ihre Intelligenz, ihre Ehrlichkeit und andere gute Eigenschaften, aber auch ihre negativen Seiten und ihre Schwächen. Als Folge davon führen diese enttäuschten Kinder, auch wenn sie älter werden, oft ein Leben in Wunschträumen. Sie bleiben auf der Suche nach der väterlichen Wertschätzung und bemühen sich immer wieder verzweifelt um Anerkennung – durch den Lehrer, beim Chef, im Verein.

Der Schmerz dieser „Vaterwunde" kann sich auch in Selbstverachtung äußern. Weil das Selbstwertgefühl ein schwaches Fundament hat, ist es schwierig, Fehler einzugestehen – aus Angst, den Respekt und das Wohlwollen der anderen zu verlieren. Eine Haltung, die oft Krankheiten am Rückgrat, oder auch im Kopfbereich nach sich zieht.

Für Menschen, die auf diese Art nach Anerkennung suchen, sind Statussymbole besonders wichtig. Sie neigen zu Neid, zur Gier. Auch Magersucht oder Fresslust können ihre Ursache in der „Vaterwunde" haben. Menschen, die ihre „Vaterwunde" nicht heilen können, laufen Gefahr, ihr Leben langfristig selber zu zerstören.

Es ist also kein kleines Problem, wenn beruflich überstrapazierte Männer kaum Zeit für ihre Kinder finden. So groß ist ihre Bedeutung für die Zukunft der Kinder – und damit für die Zukunft unserer Gesellschaft.

Spiel und Leben

Ob beim Skat, auf dem Fußballplatz, an der Wii-Konsole, am Schachbrett oder vor der Puppenstube – jedes Spiel ist ein Abbild des Lebens. Es geht um Sieg und Niederlage, um Gewinn und Verlust, um Recht und Unrecht, um Liebe und Leid. Wer nicht spielen kann, kann vermutlich auch nicht richtig leben – man muss nur einmal Kindern zuschauen, deren selbstvergessenes Spiel tiefe Wirklichkeit ist.

Wichtig ist, dass man mit ganzer Hingabe, mit Ernst und Freude, mit Engagement und Wahrhaftigkeit spielt. Wer dabei betrügt, beleidigt oder nur so tut, als ob er wirklich bei der Sache ist, der belügt und betrügt nicht nur andere, sondern auch sich selbst.

Deshalb sind Spielverderber und Mogler Lebenszerstörer. Die einen wollen bewusst stören – und die anderen missachten die Regeln, um sich einen Vorteil zu verschaffen. Doch die Regeln sind ein Schutz – für Starke und Schwache gleichermaßen. Sie zeigen auf, wie groß der Freiraum ist und wo die Grenzen beginnen, die nicht verletzt werden dürfen.

Das Spiel lehrt auch, wie man mit seinen Gefühlen umgeht. Glück und Trauer liegen oft nahe beieinander, es gibt Gewinner und Verlierer. Die eigene Geschicklichkeit, Übungsfleiß, Mut und kluge Selbsteinschätzung entscheiden darüber, ob das Spiel in Freude oder Enttäuschung endet. Das ist beim Spiel genauso wie im Alltag oder im geistigen Leben.

Im Spiel des Lebens erkennt der Mensch auch, dass Verluste, Schwierigkeiten und Schmerz, Konflikte, Brüche und Katastrophen dazugehören – nur selten können sie restlos verhindert werden. Im Laufe der Zeit, mit viel Erfahrung und Übung, wächst die Geschicklichkeit für das Spiel – und fürs Leben. Aber selbst der beste Spieler weiß, dass er auch einmal eine Niederlage oder einen Verlust erleidet.

Viele meinen, ein Spiel sei nur durch Schnelligkeit zu gewinnen. Doch manchmal gefährdet ein zu hohes Tempo die Übersicht und das besonnene Handeln in kritischen Situationen – auch Langsamkeit kann eine Stärke sein. Und: Man braucht im Spiel wie im Leben auch eine Portion Glück, wenn die Karten verteilt werden. Nicht alles ist aus eigener Kraft machbar. Wer diese Erkenntnis spielerisch lernt, kann auch im Leben gelassener sein.

Nähe braucht Distanz

Wenn ein Mann und seine Frau auch nach zwanzig Ehejahren nur aneinander kleben, ist das Gleichgewicht von Nähe und Distanz zerstört. So schön es ist, wenn die Partner miteinander reden, planen, etwas unternehmen – zu viel Nähe kann auch zum Problem werden.

Jeder Zweierbeziehung tut es gut, wenn die Partner gelegentlich etwas Abstand voneinander halten und eigene Wege gehen – das stärkt die Bindung. Jeder hat in seinem Leben Bereiche, die er gerne mit anderen Menschen teilt. In einer gesunden Partnerschaft ist es möglich, auch einmal getrennte Wege zu gehen, ohne dass der andere verletzt ist oder gar Trennungsabsichten wittert. Nur wenn das Verhältnis von Nähe und Distanz aus dem Gleichgewicht gerät, bergen solche Wünsche nach mehr Unabhängigkeit ein Problem oder läuten im Extremfall das Scheitern der Beziehung ein.

Deshalb braucht es Regeln, die den Beteiligten Sicherheit geben. Jedes Paar muss sie immer wieder miteinander besprechen und festlegen. Wenn zum Beispiel die beiden Partner auf dieser gemeinsamen Basis verabreden, dass sie heute Abend einen Vortrag besucht und er sich mit Freunden treffen will, dann wird das dem Wunsch nach Nähe nicht schaden – im Gegenteil. Eine gute Balance zwischen Nähe und Distanz stärkt sowohl die Eigenständigkeit als auch die Beziehungen zu anderen Menschen.

Abschließen – das Testament

Wer mit sich ins Reine kommen will, muss sein Leben ordnen. Dazu gehört auch, sich über seinen „letzten Willen“ klar zu werden – und ihn in einem Testament festzuhalten. Viele scheuen sich, darüber nachzudenken, die notwendigen Entscheidungen zu treffen und ein Testament zu machen. Aus Angst vor dem Tod schieben sie den Gedanken beiseite, dass Sterben auch eine Realität ihres Lebens ist. Doch wenn ein Mensch sein Leben ordnet, kann er diese Furcht vor dem Tod überwinden und neuen Mut finden.

Ein Testament ist eine Form, Frieden zu schließen – mit sich selber und mit anderen. Es soll nicht nur die äußeren, materiellen Angelegenheiten regeln, sondern auch die inneren Anliegen. Das ist tatsächlich schwierig, denn die Eindeutigkeit, die das Testament von einem Menschen fordert und vor der er sich im Leben oft hat drücken können, wird ihm jetzt bewusst.

Ob Mann oder Frau – jeder muss sich darüber klar werden, was für ihn im Leben Gewicht und Bedeutung hat. Wer die äußeren Dinge regelt, kommt unweigerlich auch mit den inneren ins Reine.

Manche Menschen setzen allerdings mit ihrem Testament zum letzten Mal einen Willen durch, der getragen ist von Sturheit und Rücksichtslosigkeit, oft sogar von Falschheit. Doch wer mit seinem Testament nur an jemandem Rache nehmen will und ein letztes

Mal zeigt, wer „der Herr im Hause“ ist, wird keinen Frieden finden. Nicht selten haben die Menschen auch Angst vor äußerem Verlust, obwohl sie wissen, dass man aus der irdischen Welt nichts mitnehmen kann – und sie übersehen, dass die materiellen Dinge das Leben oft belasten und die Entwicklung der Seele, die dem Menschen innere Zufriedenheit gibt, behindern. Deshalb ist es gut, sich darüber klar zu werden, was man im Leben will und was man – über den Tod hinaus – nicht will. Ein Mensch, der sein Testament gemacht hat, wird von seiner Umgebung oft eindeutiger wahrgenommen als vorher. Wem es gelingt seinem letzten Willen eine Form zu geben, für den wird es auch im Leben einfacher, seine Pläne und Gedanken klar zu formulieren.

Beim Autofahren ist es ganz ähnlich – da lautet eine Grundregel: deutlich fahren! Das erfordert vom Fahrer, dass er klare Zeichen gibt: Wer rechts blinkt und nach links abbiegt, richtet ein Chaos an. Das Leben zu ordnen und mit sich selbst ins Reine zu kommen, beendet den ewigen Zick-Zack-Kurs zugunsten einer unmissverständlichen Klarheit, die den neuen Weg charakterisiert. Vor allem für alte Menschen kann diese Neuorientierung den Kopf frei machen und zum Herzen führen – zum eigenen wie zu den Herzen der anderen.

5. Achtsamkeit und gutes Leben

Je genauer man das Leben betrachtet, desto kostbarer wird es. Etwa beim Blick durch ein Mikroskop: Wo das bloße Auge nur einen Wassertropfen sieht, enthüllt das Mikroskop Leben in unglaublicher Fülle. Auch der Blick durchs Teleskop in den Weltraum lehrt das Staunen über die Großartigkeit der Schöpfung. Wenn wir lernen, unser Leben, unseren Alltag, die Art wie wir mit uns und mit den Mitmenschen umgehen, achtsam – wie mit einem Mikroskop oder einem Teleskop – zu betrachten, können uns Welten begegnen, die uns nicht bewusst waren.

Unser Alltag ist wichtig. In ihm leisten wir unseren Beitrag zur Gestaltung der Welt. Darum ist es nicht gleichgültig, wie wir uns verhalten. Unachtsamkeit tut weh – egal ob wir im Gespräch mit unserem Nachbarn verstohlen immer wieder auf die Uhr schauen und ihm so signalisieren, dass wir eigentlich nicht „da" sind, oder ob wir am Restauranttisch ungeniert mit dem Handy telefonieren, als wären wir alleine. Die Veränderung der Welt beginnt im scheinbar Nebensächlichen. Achtsamkeit hilft.

Aufräumen tut gut

Im Leben eines Menschen entsteht immer wieder Unordnung. Im Haus, auf dem Schreibtisch, in Schränken und Taschen, auch im Körper und in der Seele sammeln sich viele Dinge an, die man in regelmäßigen Abständen „wegräumen" sollte.

Unordnung entsteht von selber, aber Ordnung zu schaffen, ist ein sehr aktiver Prozess. Viele Menschen tun sich schwer, wenn sie sich von lieb gewordenen Dingen trennen sollen. Sie können sich nicht entscheiden, was sie loslassen müssen, um wieder Ordnung ins Leben zu bringen. Auf unzähligen Zetteln haben sie notiert, was sie demnächst tun wollen. Aber sie schleppen ihre unerledigten Vorgänge ewig mit sich herum – immer in der Hoffnung, sie eines Tages aufzuarbeiten. Klüger ist es, sich einzugestehen, dass man nicht alle Pläne verwirklichen kann. Deshalb muss man sich von manchen Vorhaben und Wünschen verabschieden und sie loslassen, damit Freiraum für Neues entstehen kann.

Die meisten Menschen schaffen ungern Ordnung – wahrscheinlich aus Angst, dass sie dabei etwas beenden oder abgeben müssen. Zum Beispiel räumt Fasten den Körper auf, weil Schlacken und Gifte abgebaut werden, die sich oft über Jahre angesammelt haben. Der vorübergehende Entzug von Nahrung gibt dem Körper die Möglichkeit, sich von Altem und Überständigem zu trennen – er scheidet aus, was ihn belastet. Genauso wichtig ist es, auch in der Seele aufzuräumen. Dazu muss der Mensch seinen „geistigen Müll" anschauen: seine Laster, seine Süchte und Begierden. Wie lange trägt ein Mensch oft Neidgefühle mit sich herum, Hass und Wut, Stolz und Gier nach vielem, was das Leben scheinbar angenehmer macht!

Beim Aufräumen und Ordnung schaffen macht der Mensch eine interessante Erfahrung über den engen Zusammenhang von Leib und Seele: Rein körperliches „Loslassen" (etwa das Ausscheiden von sogenannten Schlacken beim Fasten oder das Aufräumen im Haus) tut merkwürdigerweise auch der Seele gut, oft fühlt man sich danach wie neugeboren – und wenn andererseits ein Mensch mit seinen Lastern und Begierden innerlich „aufgeräumt" hat, geht es ihm hinterher auch körperlich besser.

Verlust und Verzicht als Chance

Fasten, der freiwillige Verzicht auf feste Nahrung, ist vordergründig nur eine körperliche Einschränkung, aber sie öffnet dem Menschen das Tor zu einer neuen Sicht auf das Leben. Denn beim Fasten macht der Mensch Erfahrungen, die für Leib *und* Seele gut sind. Er begreift, wie es sich anfühlen kann, wenn weniger mehr ist.

Im normalen Leben versucht der Mensch, solche Verlusterfahrungen zu vermeiden und geht ihnen aus dem Weg – egal ob der Verlust spürbar wird, weil eine Beziehung zerbricht, weil das Vermögen an der Börse halbiert wurde, weil die Gesundheit schwindet oder weil man den Arbeitsplatz verloren hat. Verlust wird als Schwäche empfunden, ohne die man besser dran wäre. In Wahrheit gehören diese Erfahrungen zu jedem Leben. Ohne Verlusterfahrungen kann sich der Mensch gar nicht weiterentwickeln.

Viele registrieren in unserer Gesellschaft zwar die Wachstumsprozesse sehr aufmerksam – mehr Geld, größeres Ansehen, Erfolge in Beruf und Sport –, aber die Verluste werden gerne übersehen. Dabei ist jeder Mensch auch ein Verlierer. Er verliert seine Kindheit, seine Jugend und sein Leben als Erwachsener, wenn er alt und schwach wird. Er verliert Zähne, Haare, seine Kraft schwindet, er verliert – spätestens mit Mitte 60 – seine Arbeit, das Berufsleben endet.

Im Laufe der Jahre verliert man die Eltern, es sterben Freunde, vielleicht die eigenen Kinder, Beziehungen zerbrechen oder versanden, Ansichten, die über Jahre wichtig waren, werden fragwürdig. Das ganze Leben besteht aus Veränderungen, aus Verlusterfahrungen – immer wieder muss sich der Mensch damit abfinden, dass er sich von lieb gewordenen Dingen trennt. Und die letzte große Verlusterfahrung trifft ihn, wenn er sein irdisches Leben verliert.

Wir Menschen sprechen lieber nur von den Erfolgen, die Verlusterfahrungen werden tot geschwiegen. Aber das ist falsch. Wer Verluste permanent vermeiden will, weil er sie als etwas Negatives ansieht, wer leugnet, dass Verluste zum Leben gehören, kann sich auf Dauer nicht vernünftig entwickeln. Es ist geradezu paradox: Indem der Mensch Verlusterfahrungen von sich fernhält, fördert er sein Leben nicht, sondern zerstört es. Im freiwilligen Verzicht kann man sich auf die Verluste, die das Leben mit sich bringt, vorbereiten. Fasten ist eine Verlusterfahrung, die dem Menschen neue Lebenskraft gibt.

Spielräume für die Seele

Was unter dem fernöstlichen Begriff Feng-Shui als Lehre von harmonischen Lebens- und Wohnformen bekannt wurde, ist gar nicht so neu – im Abendland wurden vergleichbare Erkenntnisse schon vor Jahrhunderten bei der Errichtung von Klöstern berücksichtigt, die heute noch als spirituelle Kraftorte wirken.

Im modernen Wohnungsbau ist dieses Erfahrungswissen allerdings verloren gegangen. Viel zu selten wird heute darauf geachtet, dass in den Wohnungen und Wohnanlagen auch wirklich Platz zum Leben ist. In Hochhäusern werden Wohnungen wie Schuhkartons aufeinandergestapelt, ohne an Treffpunkte für Kinder zu denken oder für die Entwicklung guter Nachbarschaft besondere Gemeinschaftsräume einzuplanen – in solch kalten Wohnmaschinen ist nirgends Platz für die spirituelle Entfaltung der Menschen.

Ähnliches gilt für Schulen und Universitäten: Es wäre dringend notwendig, dass es neben den Sälen für bestimmte Unterrichtsfächer auch Räume gibt, in denen Schüler und Studierende sich in Ruhe auf sich selber besinnen können.

Fürs Essen und Trinken haben Unternehmen und Behörden Kantinen geschaffen, aber wo sind die Räume für die seelische und geistige Nahrung? Vermutlich wären dies Orte mit höchster Effizienz, weil dort die Mitarbeiter für eine Weile ganz bei sich sein könnten, um spirituelle Kraft zu schöpfen, die auch für die Arbeitsleistung gut ist.

Dass sich immer mehr Menschen nach ganzheitlichen Erlebnissen – auch in besonderen Räumen – sehnen, zeigt der Erfolg touristischer Angebote: Auf einsamen Inseln, in Wellness-Anlagen und Ferienclubs werden dem gestressten Urlauber viele Wünsche im Hinblick auf die Gemeinschaft mit Gleichgesinnten erfüllt. In ansprechend gestalteten Räumen sitzen alle ungezwungen beim Essen zusammen und reden miteinander. Es gibt Plätze der Muße und der Stille, Zeit für Yoga und Meditation, die Natur ist nahe, Parks und Wasser versprechen Erholung – besondere Orte und besondere Zeiten strukturieren den Tag. Von diesen Ferienveranstaltern können Unternehmen, Behörden und private Bauherren manches lernen.

Vielleicht sind Vereinsamung, die zunehmende Aggressivität in der Gesellschaft oder die Ent-Solidarisierung zwischen den verschiedenen Gruppen in der Bevölkerung auch Folgen einer Planung, die dem Menschen spirituelle Spielräume vorenthält.

Mit Dankbarkeit zur echten Freude

Freude ist ein Lebenselexier – alle Menschen sehnen sich danach. Doch tiefe Freude zu empfinden, ist gar nicht so einfach. Viele Menschen sind zu sehr auf Probleme und Ungerechtigkeiten fixiert. Über Witze zu lachen, kann manchmal lustig sein, aber Freude ist etwas anderes. Das gilt ebenso für spöttische Bemerkungen auf Kosten anderer. Auch ständige Partys oder das Springen von einem Event zum nächsten erzeugen nicht wirklich Freude, sondern gleichen eher einem nicht enden wollenden Karnevalsumzug.

Der spirituelle Schlüssel zur echten Freude ist Dankbarkeit – ein scheinbar antiquierter Wert. Aber alle Religionen und Kulturen mahnen den Menschen, dankbar zu sein für das Leben, und zwar in guten wie in schlechten Tagen. Denn die Dankbarkeit fürs Leben betrifft nicht nur die schönen und erfreulichen Dinge, sondern das gesamte Dasein im Glück und im Unglück. Diese Einsicht wird einem oft erst in der Erinnerung klar, wenn man zurückdenkt an Sternstunden, aber auch dankbar ist für manchen Wüstentag, aus dem man mit neuen Erkenntnissen herausgegangen ist.

Dankbarkeit braucht nicht die großen und bedeutenden Anlässe, sondern kann sich an sehr einfachen Alltagsbegebenheiten entzünden. Wer im Berufsverkehr morgens den blühenden Kirschbaum am Straßenrand wahrnimmt und dafür dankbar ist, erlebt echte Freude. Man kann es einüben, sein eigenes Leben dankbar anzunehmen – statt immer nur herumzunörgeln. Sich morgens dafür zu bedanken, dass man aufstehen kann, und abends vor dem Einschlafen für den Tag – diese bewusste Wahrnehmung des Lebens schenkt dem Menschen Freude und Kraft.

Abgepackte Kalorien?

Essen und Trinken hält Leib und Seele zusammen, heißt es. Wie schade darum, dass Mahlzeiten oft zu reinen Sättigungsveranstaltungen verkommen: Man stopft den Körper gedankenlos mit Kalorien voll. Dabei wird vergessen, dass Nahrung – im besten Sinn des Wortes – aus „Lebens-Mitteln" bestehen sollte.

Die Seele braucht einen Körper, in dem sie gerne wohnt, sagte einmal die berühmte mittelalterliche Mystikerin und Äbtissin Teresa von Avila. Tatsächlich ist die Nahrungsaufnahme nicht nur ein biologischer, sondern auch ein spiritueller Vorgang. Dazu gehören die gesamten Vorbereitungen des Mahls, auch die innere Einstellung desjenigen, der die Zutaten auswählt und kocht – und natürlich der Ablauf bei Tisch.

Es gibt zwar keine für alle Menschen verbindlichen Speisepläne oder Essenszeiten – dazu sind die Gewohnheiten in den verschiedenen Ländern und Klimazonen zu unterschiedlich. Aber eine Grundregel gilt überall: die Einhaltung des rechten Maßes.

Eine sinnvolle Ernährung tut dem Menschen in allen Phasen gut: Sie macht schon Freude bei der Auswahl der Zutaten, schmeckt auf dem Teller und lässt sich vom Körper gut verarbeiten. Denn mit dem leeren Teller ist das Essen noch lange nicht beendet. Jetzt beginnt das Verdauen, und erst das Ausscheiden schließt den Vorgang der Ernährung ab. Wer bewusst auf diesen Essrhythmus achtet, wird bald wissen, was seinem Körper und seiner Seele gut bekommt. Deshalb ist es wichtig, seine Speisen sorgsam auszuwählen – schon das Einkaufen sollte ein sehr bewusster Vorgang sein.

Warum greift der Hotelgast am reichhaltigen Frühstücks-Büffet nicht zu einer der in Miniportionen abgepackten Konfitüren, sondern fast immer zu dem offenen Topf, in dem eine hausgemachte Marmelade angeboten wird? Und wer je in großen Markthallen die frischen Fische, die bunten Früchte und duftenden Gewürze gesehen, gerochen und erlebt hat, weiß, wie ärmlich sich dagegen vakuumverpackte Käsescheiben, Konservendosen und eingeschweißtes Brot ausnehmen. Ist das wirklich noch Lebensenergie oder sind es bloß abgepackte Kalorien?

Stärke durch Demut

Demut gilt als altmodische Tugend. Sie widerspricht allem, was unsere Leistungsgesellschaft braucht: Erfolg, Durchsetzungsvermögen, Selbstbewusstsein. Andererseits wird demütiges Verhalten mit Falschheit verwechselt, mit kriecherischem „Buckeln" oder fehlender Lebenskraft. Dabei bewahrt die Demut den Menschen vor falschem Stolz und vor Überheblichkeit – Charaktereigenschaften, die das Leben zerstören.

Zur Demut braucht der Mensch ein starkes Rückgrat, innere Sicherheit und Vertrauen in seinen Selbstwert. In Ehrfurcht vor der Schöpfung und vor anderen Menschen ist er sich seiner Stärken und Schwächen bewusst und ruht in sich. Deshalb sind demütige Menschen keine Duckmäuser, sondern tapfer und beharrlich. Sie bleiben sich und ihren Grundsätzen auch in Krisen treu und lassen sich nicht entmutigen.

Wer demütig ist, besitzt auch Zivilcourage, um in kritischen Situationen seine Liebe, seinen Glauben und seine Hoffnung mit der Tugend der Tapferkeit zu verbünden. Eigene Schwächen und Fehler werden nicht verborgen, sondern offen zugegeben – wer besitzt schon so viel Mut? Überhebliche Menschen jedenfalls missachten in ihrem Stolz so eine Grundhaltung. Auch die Fähigkeit, den Tod als Teil unseres Lebens anzunehmen, entwickelt sich letztlich aus der Weisheit, die in Demut wurzelt.

Träume verstehen

Schon die Bibel erzählt von der Bedeutung des Träumens. Jakob, Joseph oder Daniel hatten Träume, die mehr waren als Schäume. Und wirklich geschieht im Schlaf etwas Grundlegendes. Deshalb macht es Sinn, sich seine Träume aufzuschreiben. Ein Notizbuch und ein Bleistift auf dem Nachtkästchen helfen, dass die Träume nicht verloren gehen. Nach dem Aufwachen kann man sich dann mit ihnen auseinandersetzen.

Sogar Albträume können hilfreich sein, sie bringen uns mit unsren Ängsten in Kontakt. Man muss sich nicht jeden Traum sofort erklären können, vielleicht braucht es dafür einige Zeit – man kann sich das Geträumte immer wieder ins Gedächtnis holen und bewusst betrachten.

Der Traum ist ein Tiefenfenster in die Seele. Es gibt Kulturen, die sich auf Träume regelrecht spezialisiert haben. Die australischen Ureinwohner, die Aborigines, verwendeten sogar „Traumfänger", die sie in ihren Behausungen aufhängten, um die Träume einzufangen. Es ist ganz erstaunlich, wie viel ein Mensch über sich erfahren kann, wenn er sich mit seinen eigenen Träumen auseinander setzt.

Eine wunderbare Möglichkeit, sich in den Schlaf zu begeben, ist auch der Wunsch nach einem bestimmten Traum. Manche halten das für ein Hirngespinst, aber Therapeuten haben damit bei ihren Patienten schon wahre Wunder bewirkt. Wer tagsüber ein Problem hat, das am Abend immer noch ungelöst ist, kann vor dem Einschlafen darum bitten, dass er einen Traum erlebt, der ihm dazu ein Lösungsmodell zeigt. Oft steht dieser Mensch am nächsten Morgen auf und weiß, wie er handeln muss. Ein Zustand der „inneren Gewissheit" ist über Nacht bei ihm eingetreten – und häufig löst er dann sein Problem ganz anders, als er es allein mit dem Verstand getan hätte.

Der unsichtbare Affe

Immer wieder begegnet man Menschen, denen sitzt ein unsichtbarer Affe auf der Schulter – es ist ein Problem, ein Anliegen, das sie mit einem besprechen wollen. Wichtig ist, darauf zu achten, dass der Gesprächspartner seinen Affen wirklich wieder mitnimmt. Denn viele Menschen laden ihre Probleme bei anderen ab. Manche entwickeln dabei großes Geschick, sodass man gar nicht merkt, wie blitzschnell dieser Affe plötzlich die Seiten wechselt.

In der Firma, daheim in der Familie, im Verein – überall droht die Gefahr, dass einem fremde Affen auf die Schultern gesetzt werden. Manche Menschen sträuben sich nicht einmal dagegen, sondern geben sich zufrieden mit der Feststellung: „Alles muss man selber machen..." Doch mit dieser Einstellung kann niemand auf Dauer gut leben.

Hier heißt es wachsam sein. Denn wer jede Arbeit, jeden Auftrag und jede Schwierigkeit übernimmt, erstickt bald an dem Pensum, das er sich aufladen lässt. Um sich zu schützen, bleibt einem meist nichts anderes übrig, als die Annahme der fremden Affen unmissverständlich zu verweigern. Egal ob es der eigene Sohn, die Mutter, der Arbeitskollege oder die Freundin ist – sie sollen ihre Affen wieder mitnehmen.

Es geht nicht darum, Hilfe zu verweigern. Natürlich wird man vorher im gemeinsamen Gespräch seine Erfahrung einbringen und seine Meinung sagen, aber die Verantwortung für die Lösung des Problems muss beim anderen bleiben. Nur so kann man verhindern, dass einem ständig fremde Affen auf die Schultern gesetzt werden, die einem das Leben zermürben.

Die Lehre vom indischen Bergtal

Viele Menschen haben Gewohnheiten entwickelt, von denen sie überzeugt sind, dass sie ihr Leben angenehmer machen. Die eine raucht jeden Tag eine Schachtel Zigaretten, ein anderer trinkt abends regelmäßig zwei, drei Bier und einen Verdauungsschnaps und meint, das bekomme ihm. Der Dritte schaufelt fünf, sechs Wurstbrote in sich hinein, fühlt sich wohl dabei – und merkt gar nicht, wie schwierig das Leben dadurch wird. Denn was man im Übermaß genießt, bekommt einem nicht wirklich, sondern bereitet meistens Schwierigkeiten.

Wir leben in einer übersatten Zivilisationsgesellschaft und müssen erkennen, dass uns gerade das Essen erheblich schaden kann. Was der Mensch Tag für Tag, ein ganzes Leben lang, an Nahrung zu sich nimmt, macht ihn häufig krank. Deshalb ist vorübergehendes Fasten die beste Kur, um gesund zu bleiben – oder wieder gesund zu werden.

Es gibt eine Untersuchung, die in einem indischen Bergtal durchgeführt wurde, das jeden Winter durch die Schneemassen völlig von der Außenwelt abgeschlossen war. Man konnte den Pass nicht überqueren, die Nahrungsvorräte der dort lebenden Menschen reichten nie aus. In jedem Frühjahr waren die von der Außenwelt abgeschnittenen Bewohner des Tales gezwungen zu fasten, bis der Zugang zum Tal wieder frei war. Als man diese Menschen untersuchte, machte man die erstaunliche Feststellung, dass es dort eine auffallend hohe Zahl alter Menschen gab, die an Leib und Seele sehr gesund waren. Erst als die Regierung eines Tages einen Tunnel baute und damit die Versorgung mit Nahrungsmitteln auch im Winter sicherstellte, wurden die Menschen im Tal genauso krank wie in anderen Landesteilen.

Dieses Beispiel aus dem fernen Indien zeigt, dass man seinem Leib und seiner Seele tatsächlich etwas Gutes tut, wenn man jedes Jahr einmal fastet. Auch die großen Weltreligionen empfehlen ihren Gläubigen eine jährlich wiederkehrende Fastenzeit. Für den Anfang reichen fünf Tage – am besten unter Anleitung in einer Gruppe. Viele Tagungshäuser haben entsprechende Angebote. Es lohnt sich.

Zwillingstugenden

Jeder kennt die goldene Lebensregel vom „rechten Maß“. Es liegt meistens in der Mitte zwischen zwei Gegensätzen – und der Mensch mit seinen Schwächen und Fehlern pendelt ständig zwischen den Extremen hin und her. Menschen sind unvollkommene Wesen.

Unser Leben ist ziemlich kompliziert – erst recht, wenn es um die so genannten Zwillingstugenden geht: Dann nämlich bewegt sich der Mensch nicht zwischen Gut und Böse, sondern zwischen zwei Zuständen, die – jeder für sich – sinnvoll sind, aber auch völlig falsch sein können. Das Gegensatz-Paar „Reden und Schweigen“ ist so ein Beispiel. Niemand wird bezweifeln, dass Schweigen eine große Tugend ist. Richtig eingesetzt, bringt sie Segen. Wenn aber jemand schweigt, wo er reden sollte, um einem anderen Menschen etwas Gutes zu tun oder ihn aus einer Gefahr zu retten, dann wird die Tugend des Schweigens zu einem erstarrten, gefährlichen Verstummen.

Ähnlich ist es mit dem Reden. Wer zur falschen Zeit und am falschen Ort redet, macht aus der Tugend des Redens ein Geschwätz, das zerstörerische Folgen haben kann. Reden und Schweigen sind zwar beides Tugenden, aber sie erhalten ihren Wert erst dann, wenn sie im rechten Maß eingesetzt werden.

Ganz ähnlich ist es mit vielen anderen Zwillingstugenden: mit dem Gegensatz-Paar „Standhaftigkeit und Bereitschaft zur Veränderung" oder beim Abwägen von schnellem Entscheiden oder abwartender Besonnenheit, auch zwischen zupackendem Selbstbewusstsein und Demut, zwischen vorsichtigem Handeln und mutiger Zuversicht, zwischen „Flagge zeigen" und kluger Zurückhaltung – immer ist es der Versuch, in der jeweiligen Lebenssituation das Richtige zu tun.

Leider gelingt es uns nicht immer, den Königsweg zu gehen. Für einen Menschen ist es schon schwer genug, zwischen Tugenden und verführerischen Lastern vernünftig zu leben – noch schwieriger ist es, das rechte Maß zu finden, wenn man sich zwischen zwei Tugenden entscheiden muss.

Die Ohren der Seele

Es klingt sehr einfach, ist aber schwierig: Wenn ein Mensch bei sich etwas zum Guten verändern will, muss er erst einmal seine Wahrnehmung schulen, vor allem durch das Hören. „Höre" heißt das erste Wort in der Ordensregel des heiligen Benedikt – damit ist gemeint, dass der Mensch aufmerksam wahrnehmen soll, was in ihm und um ihn herum geschieht. Dieses bewusste Wahrnehmen entsteht leider nicht von selbst, sondern muss immer und immer wieder eingeübt werden. Dann kann sich Achtsamkeit entwickeln – gegenüber sich selber, zu anderen Menschen, zu Gegenständen, zur Natur, zu Gott.

So wird das Hören zum Bindeglied zwischen Leib und Seele. Wer im Garten sitzt und hört, wie die Vögel singen, wie der Bach plätschert, der berührt auch seine Seele. Deshalb ist es gut, das Hören und Wahrnehmen zu üben. Das kann auch in der eigenen Wohnung geschehen. Man setzt sich an einen vertrauten Platz, schließt die Augen und hört sehr bewusst auf die Geräusche um einen herum – vielleicht aufs Ticken der Uhr, auf die eingeschaltete Spülmaschine, auf das Summen des Kühlschranks, auf die Autos draußen auf der Straße. Es sind die vielen Geräusche, die den ganzen Tag auf einen eindringen, ohne dass man sie bewusst wahrnimmt.

Wenn man sich einmal ein paar Minuten lang mit innerer Aufmerksamkeit ganz dem Hören auf diese Geräusche hingibt, kann man die feinen Bewegungen spüren, die sie im Inneren auslösen. Indem der Mensch aufmerksam hört, schafft er Beziehungen – zu sich, zu anderen Menschen, zur Schöpfung. In solchen Augenblicken überschreitet der Mensch seine eigenen Grenzen. Das ist zugleich der Anfang einer Transzendenz, die in ihrer höchsten Form den Menschen zu mystischen, ja heiligen Erfahrungen führen kann.

Loslassen

Jeder Mensch verfängt sich in seinem Leben in Gewohnheiten, an denen er hängt. Er tut sich schwer, sich von ihnen zu trennen. Sie freuen ihn, bedrücken ihn, beschäftigen ihn, ärgern ihn – und er kann nicht von ihnen lassen. Doch was braucht der Mensch wirklich? Was ist für sein Leben wichtig, womit soll er aufhören?

Wer sein Leben in eine gute Balance bringen will, dem bleibt es nicht erspart, über diese Fragen nachzudenken – und loszulassen, was er nicht braucht. Das ist leichter gesagt, als getan. Doch von alten Fehlern zu lassen und sich zu ändern, bringt das Leben wieder ins rechte Maß: beim Essen, in den Beziehungen zu sich selbst und zu anderen Menschen, zur Schöpfung.

Loslassen bedeutet auch: umzukehren, die Richtung zu ändern, sich abzuwenden vom alten Trott. Dadurch beginnt eine innere Wandlung, die das Leben fördert. Voraussetzung dafür ist, manches Alte zu beenden – und sich auf Neues einzulassen. Dazu ist es nötig, sehr aufmerksam in sich hineinzuhören, um zu erfahren, was für das Leben wirklich wichtig ist – und wovon man sich trennen sollte. Das ist oft verbunden mit Ängsten und Zweifeln. Sich all dem auszusetzen und Schritt für Schritt Klarheit zu gewinnen, ist eine gute Übung. Denn im Letzten muss sich jeder Mensch mit dem Tod auseinandersetzen und sein irdisches Leben loslassen – vielleicht in der Zuversicht und im Vertrauen darauf, dass seine Seele unsterblich ist.

Doch allein das Loslassen macht den Menschen noch nicht frei – er muss auch darauf achten, dass er seine alten Fehler nicht wiederholt. Deshalb ist die Grundhaltung der Buße so wichtig. Buße hat heute einen Beigeschmack von Strafe. Aber im eigentlichen Wortsinn heißt Buße „sich bessern“.

Ein Autofahrer, der immer wieder seinen Strafzettel wegen überhöhter Geschwindigkeit bezahlt, tut keine Buße. Erst wenn er seine Fahrweise ändert, bessert sich sein Leben.

Das Loslassen von negativen Gedanken, Gefühlen und Gewohnheiten leitet beim Menschen einen sanften Wandlungsprozess ein. In den leeren inneren Räumen kann eine neue Sensibilität Platz finden – mit Erkenntnissen, die zur Veränderung des Lebens führen.

Murren zerstört das Leben

Es gibt eine Charaktereigenschaft, die sich fast unbemerkt im Verborgenen entwickelt und für den betroffenen Menschen gefährlich ist, weil sie sein Leben zerstört: das Murren. Wenn sich ein Mensch lautlos-resigniert in sich selber zurückzieht, wird das Murren zur ausdruckslosen Rebellion. Frustriert frisst er alles in sich hinein: Enttäuschungen, Ärger, Aggressionen, Verletzungen, Wut – wie nach einer Implosion beginnt die unterdrückte Lebensenergie in Leib und Seele zu murren. Kein Wunder, dass so jemand von anderen gemieden wird; denn in seiner Nähe erstirbt jede Lebensfreude.

Meistens ist den betroffenen Menschen ihr bedauernswerter Zustand zwar bewusst, aber sie kennen keinen Ausweg. Sie halten sich für Versager, glauben aber, dass an ihrem Schicksal andere schuld sind. In ihrem ständigen Pessimismus verzweifeln sie am Irrweg ihres Lebens – doch nur wenig dringt nach draußen. Manchmal erkennt man murrende Menschen an ihren verbissenen Lippen, an den verkniffenen Augen, an ihrem Nörgeln und Spotten, an der oft unmotiviert herausbrechenden Aggression – dann zeigt das Murren äußere Spuren. Aber meistens bleibt ihre Bitterkeit unentdeckt.

Murrende Menschen kommen aus ihrem destruktiven Leben nur heraus, wenn sie erkennen, dass sie innerlich erstarrt sind. Um diese Lähmung zu beseitigen, müssen sie neue Beziehungen aufbauen. Das gelingt am besten, indem die verkrampfte innere Stimmung gelöst wird und der ganze Mensch wieder in Schwingung, in Bewegung kommt. Musik machen und hören, selber singen – das sind einfache und heilsame Methoden, um das Murren im Herzen zu beenden und sich wieder in eine bessere Stimmung zu versetzen. Manchmal kann es auch helfen, etwas aus sich herauszuschreien – am besten an einem Ort, wo einen niemand hören kann. Auch das kann die innere Verkrampfung lösen und eine Wandlung einleiten.

Das rechte Maß

Wir Menschen sind unvollkommene Wesen und müssen uns ein Leben lang mit unseren „Leidenschaften“ auseinandersetzen: mit Eifersucht und Geiz, mit Traurigkeit, Zorn und Stolz, mit Hass, Neid, Gier und Habsucht; nicht selten werden Männer wie Frauen auch von sexueller Besessenheit getrieben und gequält. Häufig zerstören diese Kräfte und Gefühle das harmonische Gleichgewicht im Menschen und machen ihn krank. Deshalb haben die Menschen zu allen Zeiten versucht, Herr über ihre Leidenschaften und Versuchungen zu werden.

Zwischen den Emotionen und den Organen des Körpers gibt es enge Zusammenhänge. Leidenschaften können in diesem komplexen, vernetzten System von physischen und seelischen Funktionen vielerlei Krankheiten verursachen, weil sie die innere Einheit des Menschen stören.

Niemand kann seine Leidenschaften einfach abtöten. Aber der Mensch ist ihnen nicht hilflos ausgeliefert. Dank seines Verstandes und seiner Einsicht ist er in der Lage, mit ihnen vernünftig umzugehen, indem er versucht, diese Kräfte in sich zu verwandeln – in Energien, die ihm gut tun.

Leidenschaften haben stets ihren Ursprung in der Maßlosigkeit. Der Mensch schafft sich diese Laster selber, wenn er einen durchaus sinnvollen, erstrebenswerten Zustand ins Übermaß steigert. Liebe wird dann zur Besessenheit, Selbstbewusstsein zu Stolz, Freude am Essen wird zur Völlerei, aus Gelassenheit entsteht Trägheit, Sparsamkeit wird zu Geiz, Freigebigkeit zu Verschwendung.

Die Rückkehr zum „guten Maß" ist der Schlüssel zur Befreiung. Auch Tugenden wie Tapferkeit, Klugheit und Gerechtigkeit helfen dem Menschen, wieder zu seiner Mitte zurückzukehren. Tapfer zu sein bei Versuchungen, sich selber und andere gerecht zu behandeln, die eigene Klugheit und den Verstand einzusetzen, wenn Entscheidungen getroffen werden müssen – diese Tugenden in Verbindung mit dem rechten Maß können dem Menschen helfen, sich von seinen Leidenschaften nicht mitreißen zu lassen.

Versuchungen begegnen

In jedem Menschen wirken Kräfte, die das Leben zerstören, wenn sie sich ungehindert ausbreiten können. Die großen Weisheitslehren warnen ziemlich übereinstimmend besonders vor acht dieser lebensfeindlichen Energien, die auch als „Laster" bezeichnet werden: Völlerei, Unzucht, Habsucht, Traurigkeit, Zorn, Überdruss, Ruhmsucht und Stolz.

Interessant ist dabei die Beobachtung, dass diese Anfechtungen fast immer nach dem gleichen Muster auftreten und ablaufen. Daraus kann ein wachsamer Mensch lernen, wie er sich verhalten soll, wenn ihn wieder einmal Leidenschaften und verwirrende Gefühle befallen. Denn meistens gibt es vor einem „Ausbruch" deutliche Signale: Jemand raucht hintereinander mehrere Zigaretten, ein anderer schüttet hastig ein paar Gläser Kognak hinunter, der Dritte wird plötzlich lustlos – die Menschen zeigen sehr unterschiedliche Reaktionen, bevor sie außer Kontrolle geraten. Wer bei sich immer wieder eine solche Beobachtung macht und aus Erfahrung weiß, dass sich jetzt eine „Versuchung" hochschaukelt, sollte als Gegenmaßnahme sofort seinen Rhythmus wechseln.

Gegen aufflammenden Zorn kann zum Beispiel schon helfen, ein paar Mal bewusst tief einzuatmen – das wirkt auch in vielen anderen Fällen. Wenn negative Gefühle oder Gedanken aufsteigen, sind ruhiges Atmen oder Gehen sinnvoll. Manchmal hilft es auch, sich ein paar Minuten hinzulegen oder sich schöne Bilder und Gedanken in den Kopf zu holen. Kurzfristig kann ein impulsiver Wutanfall auf diese Weise behoben werden, doch auf Dauer hilft gegen die Laster nur eine veränderte Grundhaltung im Leben. Voraussetzung dafür ist es, dass man wieder sensibel wird und bewusst wahrnimmt, was einem gut tut – beispielsweise die Besinnung auf bewährte Tugenden wie das rechte Maß, auf Klugheit, Tapferkeit oder Liebe.

Laster treten meistens nicht einzeln auf, sondern als ein fast undurchschaubares Geflecht von verschiedenen Gemütszuständen. Deshalb ist es auch so schwer, sich davon zu befreien. Am besten scheint es dem Menschen zu helfen, wenn er in all seinem Denken und Handeln die bewusste Hinwendung zum rechten Maß beachtet. Dann kann sich in ihm eine ausgewogene Grundhaltung entwickeln – als wirksamstes Abwehrmittel gegen Süchte und emotionale Verwirrungen.

Diese Erkenntnis ist zugleich eine große Hoffnung, weil sie ganz konkret den Weg zeigt, wie der Mensch mit seinen Leidenschaften, die ihm oft genug das Leben zur Hölle machen, vernünftig umgehen kann.

Mit den Grenzen leben

Der Mensch besitzt nicht nur einen Körper, sondern auch eine Seele. Nur wer Leib und Seele als eine Einheit erfährt, kann ein gutes Leben führen.

Von einem Biotop in der Natur weiß man, dass die einzelnen Organismen nur dann zur Entfaltung kommen, wenn alle ständig miteinander in Beziehung stehen – fehlt eines oder fehlen mehrere, ist die Existenz des ganzen Biotops gefährdet, oder eine Spezies gewinnt die Oberhand.

Ebenso kann sich ein Mensch ohne Spiritualität nicht voll entwickeln, weil sich dann seine Erfahrungen einseitig nur auf den Körper beschränken – das gilt auch für Krankheiten. Wenn körperliches Leid ausschließlich auf der Körperebene behandelt wird, sind die Heilungsaussichten geringer, weil eventuell psychische Ursachen nicht beachtet werden – mit oft verhängnisvollen Folgen für die Gesundheit.

Solange es einem gut geht, denkt man über solche Dinge wenig nach. Wie auf einer breiten Straße rollt das Leben dahin. Und wenn etwas ins Stocken kommt, wenn Schmerzen auftreten, wenn die Beziehungen nicht mehr stimmen, dann versucht man erst einmal, die Probleme mit den bewährten Methoden zu lösen: Man geht zum Arzt, redet mit der Bank, wechselt die Firma. Aber irgendwann stoßen diese durchaus sinnvollen Lösungsansätze an ihre Grenze. Das ist spätestens der Zeitpunkt, um – ohne die bisherigen Bemühungen zu vernachlässigen – auch die spirituelle Dimension einzubeziehen.

Besonders bewusst stößt der Mensch an seine Grenzen, wenn er die Erfahrung von Schmerz, Verlust und Tod macht. Dann erlebt er, dass seine scheinbar abgesicherte Existenz gefährdet ist, und dass er seine Sicherheit nicht über äußere, materielle Dinge bewahren oder zurückgewinnen kann. In solchen Erfahrungen wird einem bewusst, dass Glück und Erfolg auf Erden nicht von Dauer sind.

Diese Einsicht kann auch den Weg zu neuen Erfahrungen ebnen, die losgelöst von der sichtbaren Welt sind. Es gibt eine Dimension hinter den Dingen. An die rührt der Mensch, sobald er beginnt, über die entscheidenden Fragen seines Lebens nachzudenken, die im Horizont von Schmerz, Verlust und Tod wichtig werden.